곤충은 어떻게 **짝**을 부를까?

여러 방법으로 짝을 찾는 곤충 이야기

곤충은 어떻게 짝을 부를까?

여러 방법으로 짝을 찾는 곤충 이야기

정부희 글 | 옥영관 그림

보리

차례

노래를 부르는 곤충

가을을 부르는 왕귀뚜라미 · 8

땅파기 선수 땅강아지 · 14

꾀꼬리 뺨치는 긴꼬리 · 24

다리가 늘씬한 검은다리실베짱이 · 32

여름밤 풀밭 명가수 베짱이 · 42

'사사사사사' 노래 부르는 삽사리 · 50

'맴 맴 맴 맴 매앰' 노래하는 참매미 · 58

불빛을 반짝이는 곤충

우리나라에서 가장 늦게 나오는 늦반딧불이 · 68

불빛으로 이야기 나누는 애반딧불이 · 76

떼 지어 불빛을 내는 운문산반딧불이 · 84

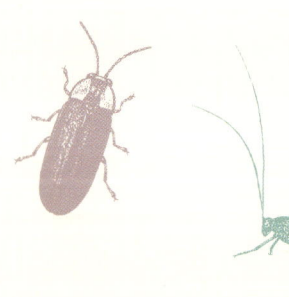

냄새를 풍기는 곤충

겨울이면 신바람 나는 겨울자나방 · 94

몸짓으로 사랑을 나누는 곤충

암컷을 지키는 밀잠자리 · 104

연두저고리 빨간 치마 새노란실잠자리 · 114

선물을 마련하는 곤충

풀숲을 날아다니는 전갈 밑들이 · 130

빨간 옷 입은 홍날개 · 138

노래를 부르는 곤충

가을을 부르는
왕귀뚜라미

보름달이 둥실 떠 있는 가을밤이에요. 솔솔 불어오는 바람을 맞으며 옛 백제 서울이었던 풍납토성 길을 걸었어요. 오늘따라 유난히도 왕귀뚜라미가 '또르르륵 또르르륵' 맑은 노래를 부르네요. 은쟁반에 옥구슬 굴러가듯 군더더기 없는 맑은 노랫소리가 하도 듣기 좋아 오래도록 멈춰서 귀 기울입니다.

귀뚜라미 대왕, 왕귀뚜라미

우리나라에 사는 귀뚜라미 무리 가운데 가장 큰 귀뚜라미는 누구일까요? 이름 그대로 왕귀뚜라미예요. 왕귀뚜라미는 몸길이가 30~40밀리미터나 되어서 곤충치고는 굉장히 큰 편입니다. 왕귀뚜라미는 땅 위나 돌 틈에서 살기 때문에 생김새가 땅에서 잘 지낼 수 있게 바뀌었습니다. 온몸이 땅 색깔과 비슷한 까만색이라 천적 눈에 잘 띄지 않아요. 몸은 납작한 편이라 돌멩이 아래나 흙더미 틈에 잘 숨을 수 있죠. 머리는 공처럼 동그랗고, 참기름을 바른 것처럼 반질거립니다. 동그란 겹눈은 금방 '까꿍'이라도 할 것 같이 귀엽고, 겹눈 바깥쪽에는 V자처럼 생긴 하얀 띠가 그려져 있지요. 더듬이는 철사같이 가늘고 제 몸통보다 길어요. 앞다리와 가운뎃다리는 알맞게 길어서 땅 위를 잘 걸을 수 있습니다. 가시털도 많이 붙어 있어요. 뒷다리는 앞다리보다 두 배나 더 긴데, 넓적다리마디가 알통처럼 툭 불거져서 위험할 때 툭툭 잘 튀어 도망칠 수 있습니다. 왕귀뚜라미는 주로 땅에서 살기 때문에 걸어 다니는 것을 좋아하지만, 때때로 날개를 펼치고 날아다니기도 해요.

재미있게도 암컷과 수컷은 생김새가 조금 달라요. 수컷은 노래를 쉼 없이 불러야 하니 겉날개에 울음 기관이 붙어 있고, 알을 안 낳아도 되니 배 끝에 알을 낳는 산란관이 없어요. 하지만 암컷은 수컷이 불러 주는 노래만 들으면 되니까 겉날개에 울음 기관이 없고, 알 낳을 때 필요한 산란관이 배 끝에 달려 있지요.

왕귀뚜라미는 어떻게 노래를 부를까요

여름이 가고 선선한 가을이 다가오면 어김없이 왕귀뚜라미가 노래를 불러요. 왕귀뚜라미는 왜 노래를 부를까요? 수컷이 암컷을 부르려고 노래를 부릅니다. 사람이 말과 글로 이야기하듯이 왕귀뚜라미 수컷

왕귀뚜라미 수컷
몸길이 26~40mm

왕귀뚜라미 암컷

은 짝을 찾을 때나 자기 사는 곳에 다른 수컷이 들어오지 말라고 경고할 때 소리를 내어 알리죠. 그 소리 가운데 으뜸은 짝짓기 할 때 부르는 노래예요.

 왕귀뚜라미는 노래를 어떻게 부를까요? 겉날개 두 장을 1초에 4000~5000번을 비벼서 소리를 냅니다. 오른쪽 앞날개를 왼쪽 앞날개 위에 포갠 뒤, 위쪽 날개를 아래 날개에 대고 재빠르게 비비면 노래가 흘러나오죠. 현미경으로 보면 오른쪽 앞날개 아래쪽에는 오톨도톨한 돌기가 촘촘히 줄 맞춰 늘어서 있고, 왼쪽 앞날개 위쪽에는 빨래판처럼 생긴 마찰판(scraper)이 있습니다. 이렇게 앞날개 두 장을 비비면 소리가 나는데, 이때 오른쪽 앞날개에는 거울판이 있어서 노랫소리가 더 크게 울리게 합니다. 물론 암컷이 수컷 가까이에 들어오면 수컷 노랫소리는 훨씬 높아져요.

숨어서 부르는 노래

 왕귀뚜라미 수컷은 대부분 돌 밑에 조그만 구멍을 파고 그 속에 들어가 노래를 불러요. 수컷이 부르는 맑은 노랫소리는 땅바닥에서 들리지만 수컷 모습은 아무리 찾아봐도 안 보이죠. 그래서 밤에 전등을 켜고 풀숲을 걷다 보면 거의 암컷만 만납니다. 수컷은 자기 집인 돌 밑에 숨어서 꼼짝않고 노래만 부르니까요. 수컷 노래를 들은 암컷은 이 수컷에게 갈까 저 수컷에게 갈까 이리저리 땅 위에서 서성입니다.

왕귀뚜라미 수컷이 노래를 불러 짝을 찾다 보니, 암컷은 수컷 노래를 듣기만 해도 아는 것이 있어요. 어둡거나 멀리 떨어진 곳에서도 소리만 듣고도 수컷이 어디 있는지 금방 알아차려요. 또 암컷은 노랫소리만 듣고도 수컷 몸이 튼튼한지 약한지, 큰지 작은지를 알죠. 암컷은 크고 우렁차게 노래하는 수컷을 더 좋아합니다. 그러다 보니 때때로 힘약한 수컷은 아예 노래를 안 불러요. 그저 풀밭을 돌아다니다가 멋진 수컷을 찾아가는 암컷을 가로채 짝짓기를 하기도 합니다.

무릎에 달린 귀

암컷은 수컷이 부르는 노래를 어떻게 들을까요? 그야 귀로 듣지요. 그럼 왕귀뚜라미 귀는 어디에 있을까요? 사람 귀는 머리에 붙어 있지만, 놀랍게도 왕귀뚜라미 귀는 무릎에 붙어 있어요. 앞다리 종아리마디 안쪽과 바깥쪽에 고막이 두 개 붙어 있어서 소리가 어디에서 나는지 잘 알아차려요. 고막은 얇지만 소리를 듣는 신경과 이어져서 소리를 잘 들을 수 있답니다. 왕귀뚜라미는 앞다리가 두 개이니, 귀가 모두 네 개예요. 그래서 다리 하나가 떨어져 나가도 암컷은 수컷 노랫소리를 들을 수 있죠.

그런데 기는 놈 위에 나는 놈 있다고 귀뚜라미 노랫소리를 듣고 득달같이 날아오는 벌레가 있어요. 바로 침파리죠. 침파리는 기생파리라서 노랫소리를 듣고 찾아와 귀뚜라미 몸통에 새끼를 낳고 도망간답니다.

침파리 애벌레는 얼씨구나 하며 귀뚜라미 몸속으로 파고 들어가 야금야금 귀뚜라미 몸통을 파먹습니다. 침파리 애벌레가 자랄수록 귀뚜라미는 서서히 죽어갑니다.

짝짓기와 알 낳기

암컷이 멋진 노래를 부르는 수컷을 찾아왔어요. 수컷은 암컷을 반갑게 맞으며 얼른 날개를 들어 올려요. 그러자 암컷은 수컷 날개 아래쪽에 있는 뒷가슴샘에서 나오는 물을 맛있게 핥아 먹습니다. 그 틈을 타서 수컷은 자기 정자가 들어 있는 정자 주머니를 암컷 배 끝에 붙이죠. 이렇게 짝짓기가 끝나면 수컷은 시나브로 힘을 잃어 갑니다.

짝짓기를 마친 암컷은 살면서 가장 중요한 임무인 알을 낳아야 해요. 포슬포슬한 땅을 찾은 뒤 송곳같이 긴 알 낳는 산란관을 촉촉한 땅에 꽂고 알을 낳기 시작합니다. 온 힘을 다 쏟아 알을 낳은 엄마는 힘이 빠져 서서히 죽어 가요. 알은 엄마 보살핌도 없이 겨우내 땅속에서 추위를 견디며 지내요. 이듬해 봄이 되면 알에서 애벌레가 깨어나 기나긴 한살이를 시작합니다.

애벌레는 봄부터 가을까지 허물을 네 번 벗으며 무럭무럭 자랍니다. 애벌레는 잡식성이라 오이, 호박, 과일, 메뚜기, 동물 주검 따위를 아무거나 가리지 않고 잘 먹어요. 안갖춘탈바꿈을 하기 때문에 번데기 시절을 안 거치고 애벌레에서 바로 어른벌레로 탈바꿈합니다.

땅파기 선수
땅강아지

　5월이에요. 해거름 무렵 시골길을 걸었어요. 찔레꽃 냄새에 흠뻑 취해 걷는데 어디선지 '비이~ 비이~ 비이~' 뱃고동이 울리는 것 같은 소리가 나요. 무슨 소리일까? 소리 나는 쪽으로 한 걸음 옮기니 소리가 뚝 멈추네요. 그래서 한동안 가만히 있었더니 또 '비이~ 비이~' 소리가 흘러나옵니다. 아! 가만히 들어 보니 땅강아지 노랫소리군요. 요즘에는 여기저기 땅을 파헤쳐 개발을 하는 바람에 땅강아지가 시나브로 사라지고 있어요. 그런 땅강아지 노랫소리를 들으니 너무 기뻐서 털썩 주저앉아 소리를 들었습니다.

땅강아지 족보

　땅강아지는 땅에 사는 메뚜기목 가문 식구예요. 족보를 따져 보면 메뚜기목 여치아목 귀뚜라미상과 땅강아지과에 속해요. 그러니 땅강아지는 여치나 귀뚜라미와 가까운 친척이에요. 땅강아지 무리는 수가 적은 편이라 온 세계를 다 뒤져도 80종쯤밖에 안 됩니다. 더구나 우리나라에는 오직 땅강아지 한 종만 살고 있으니 굉장히 귀한 곤충이지요. 몇십 년 전만 해도 땅강아지가 아주 흔해서 어디든지 땅을 파면 꼬물꼬물 기어 나왔어요. 도망가는 땅강아지를 잡아 손바닥 위에 올려놓고 논 지가 엊그제 같은데 지금은 보기 힘들어졌지요. 지금처럼 땅속이 더러워지고 환경이 파괴된다면 어쩌면 땅강아지가 우리 땅에서 아예 사라질 지도 몰라요. 그래서 서울시에서는 '서울시 관리 야생 동식물'로 정해서 보호하고 있습니다.

땅강아지
몸길이 23~34mm

땅강아지 이름

'땅강아지'라는 이름은 어떻게 지었을까요? 정말로 강아지를 닮아서일까요? 강아지는 더운 여름에 땅을 잽싸게 파고 그 속에 들어가 배 깔고 쉬어요. 땅바닥에 배 깔고 납작 엎드려 있는 강아지 모습과 닮았다고 땅강아지라고 이름을 지은 것 같아요.

예전에 북녘에 사는 사람들은 지렁이가 땅속에서 '돌돌래 돌돌래' 하며 운다고 믿었어요. 그래서 옛 분들은 땅속에서 우는 벌레를 '도루래'라고 했죠. 물론 지렁이는 울 줄을 모르니 땅속에서 우는 주인공은 땅강아지예요. 서양에서는 땅강아지가 땅 잘 파는 두더지를 닮았다고 '두더지 귀뚜라미'라는 뜻인 '몰 크리켓(mole cricket)'이라고 합니다.

땅파기 선수

땅강아지는 한 번만 봐도 홀딱 반할 만큼 깜찍한 장난감처럼 생겼어요. 땅에 납작 엎드려 있으면 산골짜기 물에 사는 가재랑 똑 닮았지요. 몸길이는 23~34밀리미터로 몸집이 굉장히 커서 맨눈으로도 잘 보여요. 몸 색깔은 흙 색깔과 비슷한 밤색을 띠고 있습니다. 몸 겉에는 짧고 보드라운 털들이 덮여 있어서 비단결처럼 보들보들해요. 더듬이는 친척인 귀뚜라미와는 다르게 생겼습니다. 철사처럼 가느다랗고 굉장히 짧아요. 홑눈은 두 개 있고, 동그란 겹눈은 툭 튀어나와 깜찍합니다. 앞날개는 짧아서 배를 다 덮지 못하죠. 그래서 마치 배꼽티를 입은 것 같습니다. 뒷날개는 앞날개보다 길어서 제비 꼬리처럼 접힌 채 배 끝까지 닿아요. 특히 수컷 앞날개에는 삼각형으로 생긴 울음판이 붙어 있지요. 배 꽁무니에는 꼬리털 두 개가 길쭉하게 달려 있어요. 다리는 여치나 귀뚜라미보다 자그마해서, 다리 여섯 개는 모두 두더지 다리처럼 짧습니다. 평생을 땅속에서 살다 보니 긴 다리보다는 짧은 다리가 훨씬 더 편해요.

뭐니 뭐니 해도 땅강아지는 삽처럼 생긴 앞다리로 유명해요. 앞다리를 한 번만 보면 눈을 뗄 수가 없을 거예요. 앞다리 종아리마디는 얼마나 넓적한지 마치 쇠스랑이나 굴착기처럼 생겼어요. 부채처럼 넓적한 종아리마디에는 쇠스랑 같은 삽날이 네 개나 붙어 있어서 땅을 쉽게 팔 수 있습니다. 땅강아지처럼 땅속에서 굴을 파고 사는 땅속 곤충은 앞다리가 땅파기 좋게 삽처럼 넓적하지만, 땅강아지 앞다리와는 비교가 안 될 만큼 자그마하죠. 흙 속에 쉬고 있던 땅강아지를 꺼내 땅 위

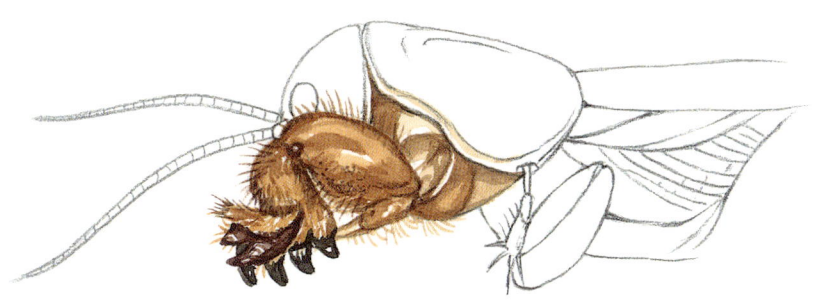

땅강아지 앞발은 삽처럼 넓적하다.

에 놓아 보세요. 그러면 굴착기 같은 앞다리로 쓱쓱 서너 번만 흙을 헤쳐도 윗몸이 땅속으로 쏙 들어갑니다. 이쯤 되면 땅강아지는 으뜸 땅 파기 선수지요.

깜깜한 땅굴 속에서 어떻게 살까?

불빛도 없는 땅속에서 땅강아지는 어떻게 살까요? 땅속은 빛이 거의 안 들어와 깜깜해요. 그래서 눈이 있어도 앞을 잘 보지 못해요. 땅강아지 겹눈은 땅 위에서 사는 다른 곤충들보다 작은 편이에요. 앞으로 수천 년 세월이 지나면 땅강아지 겹눈은 아예 없어질지도 모릅니다.

이렇게 눈이 안 좋은 땅강아지는 어떻게 땅속에서 살 수 있을까요? 땅강아지 같이 땅속에 사는 동물을 '토양 생물'이라고 하는데, 이런 동물 몸에는 대부분 여러 가지 털과 수염이 많이 나 있어요. 땅강아지 또한 몸에 더듬이와 부드럽고 거칠고 가느다란 털들이 잔뜩 나 있죠. 특히 더듬이에 감각 기관이 빼곡하게 들어차 있어서 자기가 어디에 있는지, 온도와 습도가 얼마나 되는지 같은 몸 밖에서 벌어지는 변화를 금방 알아차립니다. 또 천적이 가까이 다가오는 것도 재빨리 알아채서 위험한 상황을 빨리 벗어나죠. 몸을 덮고 있는 털들은 신경과 이어져 있어서 둘레에서 벌어지는 일을 알아차리는 데 도움을 주지요. 한술 더 떠서 몸 색깔이 땅 색과 똑같은 보호색을 띠고 있어서 천적을 따돌리며 땅굴 속에서 잘 살아갈 수 있습니다.

노래하는 땅강아지

땅강아지는 깜깜한 땅속에서 어떻게 짝을 만날까요? 땅강아지는 여치나 귀뚜라미처럼 수컷이 노래를 불러 암컷을 불러요. 땅강아지 수컷 앞날개에는 소리를 내는 울음 기관이 붙어 있습니다. 배를 다 못 덮는 짧은 앞날개를 비벼 소리를 내다니 놀랍네요.

그럼 땅강아지는 어디에서 울까요? 땅속에서 울까요, 땅 위로 올라와 울까요? 땅강아지는 땅 위가 아닌 땅속에서 노래를 불러요. 정확히

땅강아지가 Y자처럼 생긴 굴을 파고 그 안에서 노래를 부르고 있다.

땅파기 선수 땅강아지 • 19

말하면 땅굴 속에서 울지요. 왼쪽 앞날개를 오른쪽 앞날개 위에 얹어 놓은 채 재빠르게 비벼 소리를 내지요. 앞날개에 달려 있는 울음 기관은 현미경으로 봐야 제대로 살펴볼 수 있습니다. 왼쪽 앞날개 아래쪽 날개맥에는 뾰족한 돌기들이 줄지어 촘촘히 붙어 있어요. 그리고 오른쪽 앞날개 위쪽에는 빨래판처럼 생긴 마찰판(scraper)이 붙어 있죠. 노래를 부르고 싶으면 수컷은 활로 바이올린을 켜는 것처럼 왼쪽 날개로 오른쪽 날개를 쓱쓱 빠르게 비벼요. 게다가 소리를 더 크게 울리려고 왼쪽 앞날개에 '거울판(mirror)'이 달려 있습니다. 거울판은 투명한 막으로 되어 있는데, 신기하게도 거울판에 소리가 모이면 원래 내던 소리보다 훨씬 더 커져요. 말하자면 거울판은 스피커 노릇을 하죠.

수컷 땅강아지는 또 노랫소리를 더 크게 내려고 꾀를 냅니다. 땅강아지는 노랫소리가 더 크게 퍼지게 하려고 땅속에다 Y자처럼 생긴 굴을 파요. 처음에는 땅겉에서 한 갈래로 땅굴을 파고 들어갑니다. 굴을 다 파면 그 옆에 또 한 갈래로 땅굴을 더 파죠. 땅굴 한쪽은 땅 밖으로 이어졌고, 다른 쪽은 나오는 길이 없이 막혔어요. Y자처럼 생긴 굴을 다 파면 배 꽁무니를 굴 입구 쪽으로 놓고, 머리 쪽을 양 갈래 굴이 갈라지는 곳에 댄 뒤 엉덩이를 살짝 들어요. 그리고서는 날개를 살짝 벌려 오른쪽 날개와 왼쪽 날개를 서로 쓱쓱 비벼서 노래를 부릅니다. 그러면 두 갈래로 뚫린 굴은 노랫소리를 메아리처럼 울려서 멀리까지 크게 퍼지게 하지요.

수컷이 노래를 부르면 암컷은 노랫소리를 듣고 찾아와요. 귀뚜라미처럼 땅강아지도 앞다리 안쪽에 귓바퀴가 없는 고막을 가지고 있어요. 귀라고 하기에는 얄궂지만 들을 소리는 다 듣습니다.

땅강아지 애벌레가 굴을 파며 돌아다니고 있다.

땅강아지 한살이

수컷 노랫소리에 반한 암컷은 수컷에게 다가가 정답게 짝짓기를 합니다. 짝짓기를 마치고 나면 암컷은 알 낳을 방을 만들어요. 땅속 15센티미터쯤까지 땅굴을 판 뒤, 흙을 곱게 다져 타원형으로 방을 여러 개 만들죠. 그리고 방마다 알을 20~50개쯤 낳습니다. 알은 달걀처럼 둥그스름하고 하얗습니다. 알 크기는 3밀리미터쯤 되어서 맨눈에도 잘 보입니다.

엄마 땅강아지가 알을 낳은 지 3주가 지나면 드디어 알에서 애벌레가 태어나요. 놀랍게도 엄마 땅강아지는 자기가 낳은 알과 알에서 깨어난 새끼 땅강아지를 돌봅니다. 다른 엄마 곤충들은 거의 알을 낳고 죽거든요.

애벌레는 어른벌레가 될 때까지 8번 넘게 허물을 벗는데 한 해쯤 걸려요. 안갖춘탈바꿈을 하기 때문에 애벌레가 다 자라면 번데기 시절을 거치지 않고 곧바로 어른벌레로 탈바꿈합니다.

애벌레를 집에서 기르면 밤과 낮 온도가 비슷하고 바깥보다 높기 때문에 한살이가 밖에서 사는 땅강아지보다 많이 짧아져요. 집 안에서는 애벌레가 6번 넘게 허물을 벗고 어른이 되고, 알에서 어른이 되기까지 석 달이 걸리는 것으로 알려졌어요.

땅강아지는 애벌레, 어른벌레 할 것 없이 모두 땅속에서 살지요. 잡식성이라 땅굴과 땅겉을 오가며 힘없는 생물을 잡아먹거나 흙 속에 섞인 식물 부스러기나 식물 뿌리를 갉아 먹고 삽니다.

　겨울이 다가오면 땅강아지는 겨울잠 잘 준비를 해요. 넓적한 앞다리로 땅굴을 30~100센티미터가 될 때까지 팝니다. 그 속에서 어떤 땅강아지는 애벌레로, 어떤 땅강아지는 어른벌레로 잠을 자요. 땅속은 비바람이 잘 들이치지 않고, 땅 위보다 따뜻해서 땅강아지에게는 가장 좋은 쉼터입니다.

꾀꼬리 뺨치는
긴꼬리

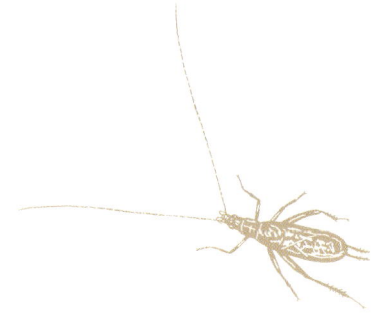

　9월이 되면 아침저녁으로 제법 선선한 바람이 불어와요. 큰마음 먹고 밤에 나오는 곤충을 보러 공원에 갔습니다. 풀숲 길을 걷는데 여기저기서 귀뚜라미, 베짱이, 긴꼬리쌕새기, 줄베짱이 들이 목청 높여 노래를 부르네요. 그때 바로 길옆에서 '루루루루루루~' 은쟁반에 구슬 굴러가듯 맑은 노랫소리가 울려 퍼져요. 그 소리가 얼마나 아름다운지 가던 길을 멈추고 손전등을 비춰 봤어요. 아! 긴꼬리가 풀잎 사이에 매달려 날개를 파르르 떨며 노래를 부르는군요.

꼬리가 긴 긴꼬리

　긴꼬리는 몸길이가 14~20밀리미터쯤 돼요. 메뚜기목 식구치고는 좀 작은 편이랍니다. 다른 메뚜기와 다르게 앞날개보다 뒷날개가 훨씬 길

긴꼬리 수컷
몸길이 14~20mm

긴꼬리 암컷

어서 꼬리처럼 길게 삐져나와 배 꽁무니를 덮습니다. 또 암컷 배 꽁무니에는 알을 낳는 기다란 산란관이 붙어 있어요. 그래서 이름을 '긴꼬리'라고 하고, 북녘에서는 '긴꼬리귀뚜라미'라고 하죠.

온몸은 하얀빛이 도는 연두색인데, 몸을 뒤집어 배를 보면 까매요. 몸은 아주 보드라워서 만지면 우그러들 것 같습니다. 머리는 작고 긴데 다른 메뚜기들과 다르게 주둥이가 앞쪽으로 쭉 뻗어 있어요. 위에서 내려다보면 등이 살짝 납작하답니다. 수컷은 앞날개에 투명한 울음판이 붙어 있고, 배 꽁무니에 산란관이 없어요. 암컷은 앞날개에 울음판이 없고, 배 꽁무니에 10밀리미터쯤 되는 길고 까만 산란관이 달려 있죠.

알에서 깨어난 긴꼬리 애벌레

따스한 햇살이 내리쬐는 봄이에요. 풀 줄기 속에서 추운 겨울을 보낸 긴꼬리 알에서 애벌레가 깨어나요. 알에서 갓 깨어난 애벌레는 이제부터 혼자 힘으로 살아야 해요. 애벌레는 허물을 여러 번 벗으면서 꽃가루나 진딧물 같은 힘없는 곤충을 잡아먹으며 무럭무럭 자랍니다. 봄부터 여름까지 석 달쯤 비바람과 천적에 맞서며 애벌레 시절을 보내야 어른벌레가 될 수 있어요. 안갖춘탈바꿈을 해서 번데기 시절을 거치지 않고 알 – 애벌레 – 어른벌레 순서로 탈바꿈하죠.

애벌레는 몸 색깔이 연둣빛을 띠는 흰색이라 언뜻 보면 희끄무레해요. 애벌레이기 때문에 날개가 배 꽁무니를 다 덮지 못합니다. 3령 애벌레 때부터 등에 코딱지 같은 날개 싹이 나오기 시작하죠. 어른벌레가 되면 날개가 다 자라 배 꽁무니를 덮습니다. 물론 애벌레 때에는 생식 기관이 다 여물지 않아 짝짓기도 못하고 알도 낳을 수 없어요.

날개를 하늘 높이 치켜들고 노래하는 긴꼬리

가을은 메뚜기 철이에요. 짝짓기를 하고 알을 낳아야 하거든요. 그래서 짝을 부르는 메뚜기들 노랫소리가 여기저기서 가득 들려와요. 메뚜기목 식구인 긴꼬리는 여러 메뚜기 가운데 유난히 아름다운 노래를 불러서 인기를 독차지합니다.

해가 서쪽 하늘 너머로 넘어가자 어둠이 슬금슬금 내려와요. 그러자 밤에 나와 돌아다니는 긴꼬리가 하나둘 풀잎 위로 성큼성큼 걸어 나와 활동을 시작합니다. 어른벌레가 할 일은 누가 뭐래도 짝짓기를 하고 알을 낳는 일이지요. 수컷은 아름다운 사랑 노래로 암컷을 애타게 부르고, 암컷은 그 노랫소리를 듣고 수컷을 찾아옵니다.

마침 수컷이 넓은 칡 잎사귀 위에 앉아 머리를 박고 잎을 오리기 시작하네요. 가위로 오리듯 큰턱으로 쑥덕쑥덕 잎 한가운데를 동그랗게 오려요. 한참 뒤, 드디어 칡 잎 한가운데에 구멍이 뻥 뚫렸어요. 그러자 수컷은 잽싸게 동그란 구멍 속으로 머리를 디밀고서는 등 위에 가지런히 놓여 있던 날개를 똑바로 위로 들어 올립니다. 그러면 날개가 잎과 나란히 놓이죠. 그러고서는 앞날개를 엄청 빠르게 비비면 '루루루루루루' 아름답고 맑은 노래가 흘러 나옵니다.

긴꼬리는 왼쪽 앞날개를 오른쪽 앞날개 위에 얹어 놓은 채 파르르 떨듯 비빕니다. 그 모습이 신비롭기 그지없어 넋을 놓고 바라봤어요. 왼쪽 앞날개 안쪽에는 자그마한 돌기들이 줄줄이 돋아나 있고, 오른쪽 앞날개 위쪽에는 빨래판처럼 생긴 곳이 있어요. 이 두 곳을 서로 비비면 소리가 납니다. 게다가 왼쪽 앞날개에는 투명한 막으로 된 거울판이 있어서 소리가 더 크게 울리게 해요.

그런데 왜 긴꼬리는 잎에 구멍을 뚫고 노래를 부를까요? 노랫소리를 크게 내기 위해서지요. 잎으로 둘러싸인 구멍에서 노래를 부르면 소리가 잎에 부딪혀 나오면서 메아리처럼 크게 울리거든요. 만일 넓은 잎이 없으면 잎이 서로 겹치는 곳에 매달려서 앞날개를 비비며 노래를 불러요. 그러면 소리가 크게 메아리쳐 울리지요.

희한한 짝짓기

수컷이 부르는 달콤한 노랫소리를 듣고 암컷이 다가왔어요. 그런데 어찌 된 일인지 암컷이 수컷 옆에서 잠시 머뭇거리자, 수컷이 암컷 옆을 서성거리더니 잽싸게 다가가 짝짓기를 합니다. 그런데 짝짓기 하는 모습이 다른 메뚜기 무리와 사뭇 다르네요. 희한하게도 수컷은 정자가 들어 있는 좁쌀만 한 정자 주머니를 암컷 배 꽁무니에 눈 깜짝할 사이

긴꼬리가 나뭇잎 가장자리에서 노래를 부르고 있다.

쑥

에 붙여요. 그러고는 짝짓기를 마칩니다. 그런 뒤 얼른 날개를 번쩍 들어 올려서 날개 아래에 있는 등 분비샘에서 암컷에게 줄 달달한 물을 뿜어냅니다. 이를 알아차린 암컷은 배 꽁무니에 정자 주머니를 매단 채 수컷이 주는 달콤한 물을 핥아 먹어요. 이때 정자 주머니에 있는 정자가 서서히 암컷 몸속으로 들어간답니다.

 왜 수컷은 암컷에게 달달한 물을 선물할까요? 그 까닭은 자기 유전자가 들어 있는 정자가 무사히 암컷 몸속으로 들어가도록 시간을 벌기 위해서지요. 알을 낳아야 하는 암컷은 몸에 영양분을 쌓아 두어야 하기 때문에 눈에 띄는 것은 무엇이든지 먹어 치운답니다. 어떤 때는 자기 몸에 붙어 있는 정자 주머니도 먹을 수 있어요. 또 암컷이 다른 수컷과 짝짓기를 못하도록 시간을 끄는 거예요. 수컷은 이렇게 자기 유전자를 남기기 위해 안간힘을 씁니다.

풀 줄기에 낳는 알

짝짓기가 끝나면 수컷은 힘을 잃어 죽어 가고 암컷은 알을 낳아요. 암컷은 아무 곳에나 알을 낳지 않고 쑥이나 방가지똥 같은 풀 줄기에 낳습니다. 우선 암컷은 튼튼한 큰턱으로 줄기를 물어뜯어 흠집을 내요. 그리고 몸을 180도로 돌린 뒤 기다란 산란관을 흠집에 넣고 알을 하나 낳지요. 이때 풀 줄기가 단단해서 산란관이 들어가지 않으면 다시 큰턱으로 줄기를 깊게 뜯은 뒤 다시 산란관을 대고 알을 낳습니다. 그리고 줄기를 따라 3~4센티미터를 띄워서 큰턱으로 흠집을 또 낸 뒤 알을 낳아요. 알은 길쭉해서 꼭 바나나처럼 생겼습니다. 알을 다 낳으면 암컷도 죽습니다.

알은 줄기 속에서 추운 겨울을 버텨요. 엄마 긴꼬리가 폭신폭신한 풀 줄기 속에 알을 낳은 덕분에 추위 걱정을 크게 하지 않아도 되지요. 더구나 겨울에 먹이가 모자란 새들한테도 덜 쪼아 먹히기 때문에 안전하게 겨울을 날 수 있습니다. 알은 따뜻한 봄이 어서 오기를 기다리며 긴 겨울잠을 잡니다.

다리가 늘씬한
검은다리실베짱이

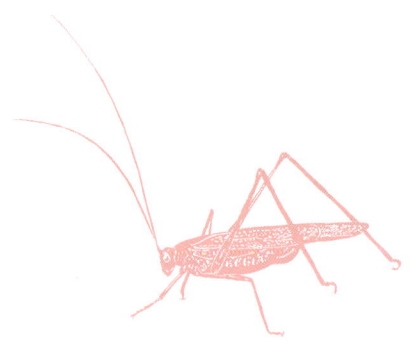

 8월 말이면 여름 끝자락이에요. 파란 하늘과 새파란 바닷물이 서로 맞닿은 동해 바다 길을 걸었답니다. 이맘때 풀밭에 가면 흔하게 만나는 키다리 코스모스 꽃들이 길 따라 흐드러지게 피어 방글방글 인사합니다. 나도 모르게 노래를 흥얼거리며 눈부시게 파란 바다 곁에 피어 있는 코스모스 꽃길을 걷습니다.

 한참을 걷다 보니 어여쁜 코스모스 꽃잎이 군데군데 파먹혔네요. 아, 이게 웬일일까 궁금해 들여다보니, 다리가 늘씬한 실베짱이 한 마리가 코스모스 꽃잎을 먹고 있군요. 어지간히 배가 고팠는지 벌써 꽃잎 석 장을 먹어 치웠어요. 위에서 쳐다보는 줄도 모르고 오물오물 잘도 씹어 먹다가 가끔씩 앞다리로 주둥이를 쓸어 내며 '입술 화장'을 고칩니다. 세상에, 검은다리실베짱이가 꽃잎을 다 먹네요.

다리가 까만 검은다리실베짱이

8월 말 여름 끝자락에 풀숲에 가면 많은 풀벌레들을 만날 수 있어요. 한 걸음 한 걸음 걸을 때마다 여기저기서 벼메뚜기, 방아깨비, 팥중이들이 툭툭 튀어 도망칩니다. 그런데 다리가 늘씬한 검은다리실베짱이는 기다란 더듬이를 앞쪽으로 쭉 뻗은 채 풀잎 위에 앉아 쉬고 있네요. 이따금씩 앞다리로 주둥이를 쓸어 내며 몸단장을 하고 있습니다. 자세히 보려고 가까이 다가가자 눈치 빠른 검은다리실베짱이가 풀잎 뒤로 겅중겅중 걸어가 숨습니다. 풀잎을 살짝 뒤적이니 겁을 먹고 아예 바닥으로 껑충 뛰어내렸습니다.

검은다리실베짱이는 강원도부터 제주도까지 우리나라 어느 곳에서나 살아서 아주 흔하게 볼 수 있습니다. 베짱이 가운데 실베짱이 무리는 몸통이 실처럼 가늘다고 붙은 이름이에요. 우리나라에 사는 실베짱이에는 실베짱이, 줄베짱이, 큰실베짱이, 북방실베짱이와 검은다리실베짱이로 모두 다섯 종이 있습니다. 그 가운데 검은다리실베짱이는 다리가 거무스름하고 몸이 실처럼 가늘다고 이런 이름이 붙었지요. 그래서 이름이 길어도 한번 들으면 기억하기 쉬워요.

검은다리실베짱이는 몸길이가 29~36밀리미터로 몸집이 큰 편이에요. 하지만 더듬이가 머리카락처럼 가는 데다 몸길이보다 훨씬 길고, 날개도 몸길이보다 길고 가늘어서 더욱 여리고 가냘프게 보여요. 온몸은 풀색이지만 주근깨 같은 까만 점들이 흩어져 있습니다. 더듬이는 까맣고 일정한 간격으로 하얀 고리 무늬가 그려져 있습니다. 더듬이 길이를 자로 재니 제 몸길이보다 두 배나 될 만큼 길어요. 날개는 앞날개 두 장, 뒷날개 두 장으로 모두 넉 장이에요. 앞날개는 뒷날개를 다 덮지 못하고, 뒷날개는 배보다 무려 두 배나 더 길어요. 그뿐 아니에요. 까무잡잡한 다리도 '억' 소리 나게 가늘고 깁니다. 뒷다리는 제 몸 길이보다 훨씬 더 길어서 마치 황새 다리를 보는 것 같지요. 이렇게 다리가 길고 날씬하다보니 나뭇가지 위나 잎사귀 위를 경중경중 잘 걸어 다니고 급하면 폴짝 뛰어 도망치기도 합니다.

놀랍게도 검은다리실베짱이는 긴 다리를 떼어 내기도 한답니다. 다리가 가늘고 길어서 떨어지기 쉽지요. 마치 도마뱀이 적을 만나면 꼬리를 뚝 떼어 내고 달아나는 것처럼, 검은다리실베짱이도 천적을 만나면 기다란 다리를 미련 없이 뚝 떼어 버리고 도망칩니다. 물론 다리 하나 떨어졌다 해도 살아가는 데 큰 어려움은 없어요. 그저 풀밭 속에 숨어서 천적이 지나가기를 기다렸다가, 안전해지면 다시 다리 다섯 개로 풀밭을 돌아다니며 씩씩하게 살아가죠.

암컷과 수컷

검은다리실베짱이는 수컷과 암컷 생김새가 살짝 달라요. 하지만 쉽게 알아보는 방법이 있습니다. 배 꽁무니를 보면 되지요. 수컷은 알을 낳지 않아도 되니 배 꽁무니가 밋밋한데, 암컷 배 꽁무니에는 낫처럼

검은다리실베짱이 암컷
몸길이 29~36mm

다리가 늘씬한 검은다리실베짱이 • 35

검은다리실베짱이 짝짓기
수컷이 꽁무니를 구부려 짝짓기를 하고 있다.

구부러진 산란관이 붙어 있어요. 더구나 암컷은 배 속에 알을 지니고 있어서 수컷보다 몸뚱이가 뚱뚱하죠. 수컷은 소리를 내야 하니 앞날개에 까만 울음판을 달고 있고, 암컷은 소리를 내지 않으니 앞날개에 울음판이 없습니다.

가냘픈 노래 부르는 검은다리실베짱이

9월이면 저녁 7시만 되어도 벌써 어둑어둑해요. 하늘에 별들이 하나 둘 떠오를 때면 풀밭에서는 풀벌레들이 죄다 나와 노래자랑을 합니다. 왕귀뚜라미는 '또르르르르륵 또르르르르륵', 긴꼬리는 '루루루루루~', 긴날개중베짱이는 '쏴아아아~', 베짱이는 '쓰으~떡, 쓰으~떡' 저마다 노래 솜씨를 뽐내죠. 그 틈에 끼어 검은다리실베짱이 수컷도 들릴 듯 말 듯 가냘프게 노래를 불러요. 정신 차리고 귀 기울이지 않으면 들리지 않을 만큼 짧고 가냘픈 소리를 내지요. 소리 나는 쪽으로 손전등을 비추니 검은다리실베짱이는 앞날개를 살짝 부풀린 채 날개를 비비고 있다 딱 멈추네요. '미안해, 노래 부르는데 귀찮게 해서.' 마음속으로 용서를 구하고 다시 노래 부를 때까지 가만히 기다렸어요.

잠시 뒤, 검은다리실베짱이가 풀잎 뒤에 숨어 다시 노래를 부르기 시작하네요. 사람들은 목구멍에 있는 성대를 울려 노래를 부르잖아요. 그런데 검은다리실베짱이는 바이올린을 켜듯이 왼쪽 앞날개를 오른쪽 앞날개 위에 얹고서는 앞날개 두 장을 서로 쓱쓱 비벼 노래를 한답니다. 노랫소리가 안쓰러울 만큼 가냘퍼도 열심히 노래를 부르는 까닭은 암컷을 불러들이기 위해서이지요. 검은다리실베짱이는 메뚜기 무리처럼 수컷만 노래를 부를 수 있고, 암컷은 노래를 못 불러요. 암컷은 앞다리에 고막이 달려 있어서 수컷 노랫소리를 잘 들을 수 있지요.

드디어 갸날픈 노랫소리를 듣고 암컷이 수컷 곁으로 다가가네요. 이때를 놓치지 않고 수컷은 잽싸게 암컷과 짝짓기를 합니다. 한동안 배꽁무니를 서로 마주 대고 사랑을 나누면서 수컷은 암컷 배 꽁무니에 거품 같은 정자 주머니를 붙여 놓지요. 이렇게 짝짓기가 끝나면 수컷은 다른 곳으로 떠나고, 암컷은 배 꽁무니에 정자 주머니를 매단 채 풀잎 뒤로 숨습니다. 이제부터 정자 주머니에 있는 정자는 서서히 암컷 몸속으로 들어가고, 암컷은 머리를 숙여 정자를 감싸고 있는 주머니를 떼어 먹으며 영양을 보충해요. 놀랍게도 수컷은 정자 주머니를 만드는 데 자신 몸무게의 30퍼센트나 쓸 만큼 힘을 아주 많이 들입니다.

거미처럼 생긴 애벌레

짝짓기가 끝나면 암컷은 식물 줄기나 나무껍질 속에 산란관을 꽂고 알을 낳아요. 알은 그대로 추운 겨울을 잘 이겨 내지요. 봄이 되면 알에서 검은다리실베짱이 애벌레가 태어납니다. 애벌레 몸매는 늘씬한 엄마 아빠와는 다르게 짜리몽땅해요. 다리는 몸통에 비해 엄청 긴데다 색깔까지 거무스름해서 언뜻 보면 거미처럼 생겼답니다. 물론 다리가 여섯 개, 더듬이가 두 개 달려 있어서 거미가 아니라 곤충이지요.

봄에 알에서 깨어난 애벌레는 허물을 여러 번 벗고서 뜨거운 여름에 어른벌레가 됩니다. 검은다리실베짱이도 어엿한 메뚜기 집안 식구라서 번데기 시절을 안 거치고 애벌레에서 곧바로 어른벌레로 탈바꿈합니다. 이런 탈바꿈을 '안갖춘탈바꿈'이라고 하지요. 메뚜기 집안 식구뿐만 아니라 사마귀 집안, 바퀴 집안, 잠자리 집안 들도 안갖춘탈바꿈을 해요. 검은다리실베짱이는 애벌레와 어른벌레 생김새가 크게 다르지 않을 것 같지만, 실제로 보면 애벌레는 거미랑 똑 닮아서 놀랄 때가 한두 번이 아니랍니다.

검은다리실베짱이 애벌레가 하는 일은 오로지 먹고 싸는 일이에요. 애벌레도 엄마 아빠처럼 먹성이 엄청 좋습니다. 풀잎이나 연한 나뭇잎만 봤다 하면 걸신들린 듯이 잘 먹어요. 잠자고 쉴 때만 빼고 부지런히 먹으면서 몸을 키우죠. 몸이 터질 듯 자라면 허물을 벗습니다. 만일 질긴 허물을 못 벗으면 그 허물에 갇혀 죽을 수 있어요.

따져 보니 검은다리실베짱이는 곤충치고는 꽤 오래 사는 편이네요. 4월쯤에 애벌레로 태어나 8월쯤에 어른으로 탈바꿈하니 무려 석 달 넘게 풀밭에서 사니까요. 풀밭에서 평생 살면서 위험에 맞닥뜨릴 때가 한두 번이 아닐 텐데, 잘 견디고 어른벌레가 된 검은다리실베짱이가 참 대견하고 기특하네요.

검은다리실베짱이 밥

검은다리실베짱이는 나지막한 산언저리, 풀이 우거진 들길, 풀숲에서 살아요. 검은다리실베짱이는 무엇을 먹고 살까요? 검은다리실베짱이는 채식주의자라서 풀잎이나 꽃가루, 꽃잎을 먹고 삽니다. 풀밭에는 풀들이 가득해요. 검은다리실베짱이가 풀 줄기를 오르내리면서 잎사귀를 아삭아삭 꼭꼭 씹어 먹습니다. 그러다 둘레에 꽃이 많이 필 때는 반찬으로 꽃을 먹기도 합니다. 식물들은 꽃을 피우고 열매를 맺어야 하는데, 눈치 없는 검은다리실베짱이가 꽃을 먹어 치우니 속이 새까맣게 타들어 갈지도 몰라요. 그러든 말든 검은다리실베짱이는 꽃을 아주 맛나게 먹습니다. 루드베키야, 원추리, 달맞이꽃, 코스모스 같은 꽃이란 꽃은 가리지 않고 먹지요. 씹어 먹는 주둥이를 가졌기 때문에 여리고 부드러운 꽃을 먹는 것은 일도 아니에요.

한술 더 떠서, 아주 가끔 있는 일이지만 깔다구나 진딧물 같은 힘없는 곤충을 잡아먹기도 해요. 물론 딱정벌레처럼 몸이 단단하고, 벼메뚜기처럼 몸집이 큰 곤충들은 잡아먹을 엄두도 못 내지요.

여름밤 풀밭 명가수
베짱이

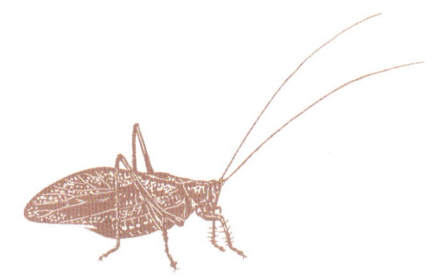

 7월 말이 되자 후텁지근하고 무더운 날씨에 숨이 턱턱 막혀 날마다 지쳐요. 더위를 식히려고 한강 산책길을 걸었습니다. 강바람이 이따금씩 불어오는데 풀밭에서 베짱이가 해맑고 청아한 노래를 부르고 있습니다. 덥지도 않은지 '쓰으 잭 쓰으 잭 쓰으 잭' 아름다운 노래를 쉬지 않고 부르네요. 서울 한복판에서 베짱이가 다 노래하다니! 베짱이가 부르는 맑은 노랫소리 덕분에 잠시나마 무더위를 잊습니다.

놀고먹는 베짱이?

 베짱이라는 이름은 앞날개를 비벼 내는 소리가 베를 짜는 소리와 비슷하다고 붙었어요. 베짱이 하면 금방 머릿속에 '개미와 베짱이' 이야기가 떠올라요. 아마 이솝 우화에 나오는 '개미와 베짱이'를 모르는 사람은 없을 거예요.

동화 속에서 개미는 날마다 열심히 일만 하고, 베짱이는 빈둥빈둥 만날 놀기만 합니다. 개미는 열심히 일한 덕에 추운 겨울 동안 먹을거리 걱정 없이 잘 지내고, 신나게 노래만 부르며 놀았던 베짱이는 먹을 것이 없어서 추운 겨울을 버티지 못한다는 이야기지요. 아마 베짱이가 이 사실을 안다면 억울해서 펄쩍펄쩍 뛸 게 뻔해요. 안타깝게도 동화 속 이야기 때문에 다들 베짱이가 놀고먹으며 아무 일도 안 하는 곤충으로 여길 수도 있잖아요.

하지만 베짱이가 여름 내내 부르는 노래는 암컷을 부르는 사랑 노래예요. 자기 가문을 잇기 위해 죽을 때까지 밤마다 암컷을 위한 사랑 노래를 부르지요. 풀밭 곳곳에 천적이 도사리고 있는데도 죽음을 무릅쓰고 사랑 노래를 불러 대니 목숨을 통째로 내놓은 것이나 마찬가지예요. 베짱이 수컷은 노래를 부르다 운이 좋으면 암컷과 짝짓기를 하고, 이솝 우화와는 달리 겨울이 오기 훨씬 전에 죽습니다.

우리나라에 사는 곤충 가운데 베짱이라는 이름이 들어간 종을 세어 보니 모두 11종이에요. 그 가운데 흔하게 만나는 베짱이로는 베짱이, 중베짱이, 긴날개중베짱이, 실베짱이, 검은다리실베짱이, 줄베짱이와 날베짱이예요. 이 베짱이 수컷들은 모두 여름과 가을 사이에 앞날개를 비벼 노래를 부릅니다.

배짱이를 위에서 보면 등에 밤색 무늬가 있다.

베짱이 수컷
몸길이 30~36mm

봄에 태어나는 아기 베짱이

봄이 되면 알에서 아기 베짱이가 태어나요. 갓 태어난 애벌레는 진딧물처럼 힘없는 곤충이나 식물 잎을 먹으며 몸을 키우죠. 애벌레는 한 번에 다 자라지 못하고 허물을 여러 번 벗으며 차례차례로 자랍니다. 한 번 허물을 벗을 때마다 몸이 부쩍부쩍 커요. 만일 허물을 벗지 못하면 허물에 갇혀 죽을 수 있습니다. 배불리 먹으면 몸통은 자라지만 허물은 자라지 않기 때문이지요. 허물은 질기고 가벼운 '큐티클'이라는 껍질로 사람으로 치면 뼈나 마찬가지예요. 신기하게도 허물을 벗을 때마다 몸집은 커져도 생김새는 거의 비슷합니다.

애벌레가 어른벌레로 탈바꿈하기까지 모두 허물을 네 번을 벗는데, 애벌레로 봄부터 여름까지 석 달쯤 지내죠. 다른 메뚜기들처럼 베짱이도 '안갖춘탈바꿈'을 합니다. 알에서 깨어난 애벌레가 번데기 시절을 거치지 않고 곧장 어른벌레가 되지요.

베짱이 애벌레는 무엇을 먹고 자랄까요? 잡식성이라 아무것이나 닥치는 대로 먹어요. 턱이 튼튼해서 주로 진딧물이나 매미충, 섬서구메뚜기 같은 힘없는 곤충을 잡아먹지만 때때로 죽은 작은 동물이나 식물 잎, 열매도 먹습니다.

어른벌레를 집에서 키워 본 적이 있는데, 오래 사는 편이라 3주 넘게 살았어요. 어른벌레도 애벌레와 마찬가지로 잡식성이라 아무것이나 잘 먹지요. 살아 있는 쌕쌔기, 벼메뚜기 애벌레를 주로 잡아다 주었고,

먹이가 다 떨어지면 냉장고에 있는 토마토, 오이, 호박, 참외, 수박 같은 과일과 채소를 먹였어요.

여름과 가을은 어른 베짱이 철

이르면 7월 중순쯤에 풀밭에서 베짱이 어른벌레를 만날 수 있어요. 몸길이가 3센티미터나 되니 맨눈으로도 잘 볼 수 있지요. 밤이면 풀밭을 엉금엉금 걸어 다니거나 풀잎이나 풀 줄기에 매달려 있습니다. 몸 색깔은 보호색을 띠어서 온통 풀색인데, 머리 뒷부분부터 앞가슴등판은 밤색이에요. 재미있게도 앞가슴등판은 꼭 말안장처럼 튼튼하게 생겼지요. 또 베짱이 앞날개는 두툼해서 '두텁날개'라고 부르는데, 배를 덮고도 남을 만큼 길어요. 앞날개는 꼭 나뭇잎처럼 생겨서 풀숲에 숨어 있으면 눈에 잘 띄지 않지요. 다리는 가늘고 길어서 걸어 다니거나 폴짝폴짝 건너뛰기에 좋습니다. 게다가 앞다리와 가운뎃다리 종아리마디에는 날카로운 가시털이 붙어 있어서 한번 잡은 먹잇감을 놓치지 않고 꼭 잡을 수 있어요.

베짱이는 암컷과 수컷 생김새가 조금 다릅니다. 수컷은 앞날개에 울음 판이 붙어 있지만, 암컷은 없어요. 또 수컷은 알을 낳지 못하니 배 꽁무니에 긴 칼처럼 생긴 산란관이 없어 밋밋합니다. 하지만 암컷은 알을 낳아야 하니 배 꽁무니에 긴 칼처럼 생긴 알 낳는 산란관을 달고 살아요. 산란관은 제 몸길이의 절반도 넘습니다.

실베짱이
몸길이 29~37mm

큰실베짱이
몸길이 34~50mm

신나게 노래하는 베짱이

베짱이 어른벌레 수컷은 훌륭한 노래꾼이랍니다. 사람으로 치면 뛰어난 소프라노 가수예요. 노래를 얼마나 잘 부르는지 그 소리가 군더더기 없이 맑아요. 야행성이라서 거의 밤에 노래를 부르지만, 가끔 낮에도 부릅니다. 밤에 풀밭에서 베짱이를 찾아보세요. 노래하는 수컷은 소리를 따라가면 잘 찾을 수 있지만, 암컷은 소리를 안 내니 풀밭을 잘 살펴야 찾을 수 있습니다. 암컷은 소리를 안 내는 대신 수컷 노랫소리를 듣고 찾아가기 때문에 풀밭을 어슬렁거릴 때가 많기 때문이에요.

베짱이는 노래를 어떻게 부를까요? 수컷은 날개를 비벼 소리를 내요. 왼쪽 앞날개를 위로 올리고 오른쪽 앞날개를 아래쪽에 겹친 뒤에 두 앞날개를 서로 비비면 소리가 납니다. 왼쪽 앞날개 안쪽 부분에는 자그마한 돌기들이 줄줄이 돋아나 있는데, 이것을 줄칼처럼 생긴 날개맥이라고 해요. 그리고 오른쪽 앞날개 위쪽 가장자리에는 빨래판처럼 생긴 곳이 있는데, 이것을 '마찰판(scraper)'이라고 하죠. 베짱이 수컷은 줄칼처럼 생긴 날개맥과 마찰판을 서로 비벼서 노래를 불러요. 뿐만 아니라 수컷은 다른 메뚜기 무리처럼 소리를 크게 내려고 왼쪽 앞날개에 투명한 막을 달았는데 이것을 '거울판(mirror)'이라고 합니다. 한자말로는 '경판'이라고 해요. 거울판은 마이크처럼 소리를 크게 울리게 하지요.

수컷이 노래를 부르면 암컷은 아름다운 노랫소리를 들어요. 베짱이도 왕귀뚜라미와 검은다리실베짱이처럼 앞다리 종아리마디에 귀 노릇을 하는 고막이 두 개씩 붙어 있어요. 앞다리가 두 개이니 고막은 모두 네 개입니다. 물론 수컷 종아리마디에도 고막이 붙어 있습니다.

　여름이면 밤마다 맑고 아름다운 노래를 부르는 베짱이는 아직까지 풀밭만 있으면 우리나라 어디서나 만날 수 있어요. 하지만 환경이 심하게 파괴되면 우리 땅에서 쥐도 새도 모르게 사라질 수 있습니다. 무더운 여름밤에 공원이나 풀밭 길을 걷다 베짱이 노랫소리가 들리면 잠시 멈춰서 베짱이를 한번 찾아보세요.

'사사사사사' 노래 부르는
삽사리

여름 문턱 6월이에요. 한낮에는 뜨거운 햇볕이 내리쬐어 무더워요. 서둘러 나무 그늘을 찾아가려는데 풀밭에서 '사사사사사~' 소리가 들려요. 누굴까? 새소리는 아니고, 매미 소리도 아니고, 그렇다고 베짱이 소리도 아니에요. 호기심이 일어 풀잎을 샅샅이 들여다보는데 가녀린 메뚜기가 날개를 부풀린 채 울고 있네요. 아! 여름 문턱 명가수인 삽사리군요.

사사사사사~ 노래하는 삽사리

삽사리하면 우리나라 토종개인 삽사리가 떠올라요. 하지만 메뚜기목 가족 중에 삽사리라는 메뚜기가 있습니다. 노래할 때 '사사사삭~' 소리를 낸다고 삽사리라는 이름이 붙은 것 같아요. 섬나라인 일본에서

삽사리 수컷
몸길이 9~23mm

'사사사사사' 노래 부르는 삽사리 • 51

처음 찾았다고 '섬나라메뚜기'라는 별명도 있습니다.

삽사리는 암컷과 수컷 생김새가 살짝 달라요. 우선 수컷부터 살펴볼까요? 수컷은 몸길이가 9~23밀리미터쯤 되어서 작은 편이에요. 몸 색깔은 노란빛이 도는 밤색인데, 가끔 까만 띠무늬가 있기도 해요. 앞날개는 암컷보다 길지만 배 꽁무니를 다 덮지는 못하고, 날개 끄트머리는 잘린 것처럼 뾰족합니다.

이에 비해 암컷은 몸길이가 24~32밀리미터쯤 되어서 수컷보다 훨씬 커요. 몸 색깔은 어두운 회색빛이 도는 밤색이라 거무칙칙하죠. 신기하게 앞날개는 마치 코딱지가 붙은 것처럼 아주 짧아서 애벌레로 여기기 딱 좋아요. 앞날개는 물고기 비늘처럼 생겼는데, 끄트머리가 둥글거나 조금 뾰족한 편이에요. 하지만 아주 드물게 날개가 긴 암컷과 수컷도 있습니다.

삽사리 암컷과 수컷은 모두 몸매가 늘씬하고, 머리는 길고 앞쪽이 뾰족해서 마치 원뿔처럼 생긴 고깔모자를 쓰고 있는 듯해요. 몸 색깔은 풀잎과 나뭇잎과 비슷한 보호색을 띠어서 풀밭에 숨어 있으면 눈에 띄지 않죠. 더듬이는 머리 길이보다 두 배나 더 길어요. 얼굴 옆에 붙어 있는 겹눈은 달걀처럼 갸름해서 귀엽답니다. 삽사리도 메뚜기 집안 식구답게 뒷다리가 튼튼하고 울근불근한 알통 다리를 가지고 있습니다. 넓적다리마디가 알통처럼 툭 불거져 나왔어요. 사람으로 치면 허벅지가 '꿀벅지'인 셈이죠. 넓적다리마디는 운동 근육으로 가득 차 있어요.

천적을 만나거나 위험한 상황에 맞닥뜨리면 앞뒤 안 보고 제자리에서 하늘 높이 뛰어오를 수 있습니다.

안갖춘탈바꿈하는 삽사리

겨울이 지나고 따뜻한 봄이 되자, 알에서 삽사리 애벌레가 태어났어요. 몸길이는 고작 10밀리미터쯤 밖에 안 되지만, 곧바로 풀잎으로 기어가 밥을 먹습니다. 큰턱을 오므렸다 펼쳤다 하며 잎을 아삭아삭 씹어 먹네요. 몸집이 커지면 허물을 벗고, 또 배불리 먹다가 몸집이 커지면 또 허물을 벗고 이렇게 모두 허물을 네 번 벗으면서 무럭무럭 자라지요. 6월이 되면 다 자란 애벌레가 어른벌레로 탈바꿈합니다.

삽사리가 속해 있는 메뚜기목 가문은 모두 번데기라는 것을 몰라요. 알에서 깨어난 애벌레가 번데기 시절을 거치지 않고 곧바로 어른으로 탈바꿈하기 때문이지요.

삽사리는 어른벌레와 애벌레 모두 채식주의자예요. 주로 볕이 잘 드는 풀밭이나 산언저리, 공원, 무덤가에서 살면서 강아지풀, 벼, 갈대, 억새풀 같은 벼과 식물을 닥치는 대로 먹습니다. 가만히 앉아 밥을 먹는 삽사리를 손으로 잡아보았어요. 그랬더니 고약하게도 삽사리가 입에서 푸르죽죽한 물을 토해 내네요. 그래도 안 놓아주니 손가락이 흥건해질 때까지 줄곧 게워 내요. 삽사리는 다른 메뚜기들처럼 천적에게 잡히면 열이면 열 모두 자기 몸을 지키려고 곧바로 입에서 물을 토한

삽사리 수컷은 뒷다리와
날개를 비벼서 노래를 부른다.

답니다. 천적이 삽사리가 토한 물을 보고 놀랄 때 얼른 도망치죠. 삽사리가 토해 내는 물에는 밥으로 먹는 식물이 품고 있던 독이 들어 있습니다. 그래서 천적을 따돌리는데 큰 힘이 됩니다.

가볍게 부르는 수컷 노래

여름 들머리에는 날마다 삽사리 노래 연주회가 열려요. 어른벌레로 탈바꿈한 삽사리 수컷은 살면서 가장 중요한 임무인 번식을 위해 하루도 쉬지 않고 낮만 되면 노래를 부릅니다.

귀뚜라미와 다르게 삽사리는 다리와 날개를 비벼서 노래를 불러요. 뒷다리 넓적다리마디 안쪽에는 작은 돌기들이 수십 개 쭈르륵 줄지어 붙어 있지요. 이 돌기들을 앞날개 날개맥으로 아주 빠르게 쓱쓱 비비면 '사사사사~' 신나고 경쾌한 소리가 난답니다. 또 다른 수컷이 자기가 사는 곳에 다가오면 이때는 지체 없이 다리와 날개를 비벼 더 높고 날카로운 경계음을 내며 쫓아냅니다.

수컷 노랫소리가 풀밭을 가득 메우자 둘레에 있던 암컷들이 술렁이기 시작해요. 암컷은 첫 번째 배마디에 고막이 있어요. 이 고막으로 수컷이 내는 경쾌한 노랫소리를 듣고 누구 노래가 더 씩씩하고 건강한지 헤아리죠. 그리고 마음에 드는 소리가 나는 곳을 찾아 나섭니다.

삽사리 짝짓기
수컷이 암컷 등에 올라타 짝짓기를 하고 있다.

짝짓기

마침내 노래하는 수컷과 암컷이 만났어요. 더듬이로 서로를 툭툭 치며 눈치를 살피는가 싶더니 금세 수컷이 암컷 등 위로 올라가 짝짓기에 성공하네요. 재미있게도 수컷 몸이 암컷보다 작아서 짝짓기 하는 모습이 마치 암컷이 아기를 들쳐 업은 것 같아요. 그도 그럴 것이 암컷 몸에는 알이 될 난황 물질이 가득 차 있기 때문에 몸집이 더 큽니다.

짝짓기를 마친 암컷은 식물 줄기를 타고 올라가요. 안전한 곳에 자리를 잡은 뒤 알을 낳지요. 알이 나올 때 거품 같은 물도 같이 나와서 수십 개도 넘는 알들을 폭 감쌉니다. 알 덩어리는 식물 줄기에 붙은 채 눈보라를 맞으며 추운 겨울을 이겨 내지요.

'맴 맴 맴 맴 매앰' 노래하는
참매미

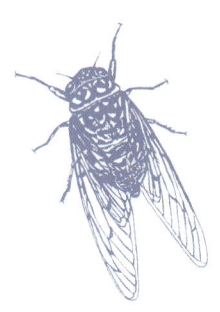

8월이에요. 오늘도 어김없이 새벽부터 매미가 울어 댑니다. 창문 방충망에 매달린 채 배를 실룩실룩대며 '맴 맴 맴 맴 매앰~, 맴 맴 맴 맴 매앰~' 귀가 아플 만큼 울어 대서 새벽잠을 설쳤습니다. 잠을 쫓아낸 매미가 누구인가 봤더니 참매미네요.

우리나라 대표 매미

우리나라에서는 예전부터 '맴 맴 맴 맴 매앰' 하고 우는 참매미 소리를 따서 모든 매미를 '맴이', '매미'라고 했어요. 그러니 참매미는 많은 매미에 원조가 되는 우리나라 매미 대표인 셈입니다. 참매미는 아주 흔해요. 섬이든 육지든 들판이든 산이든 우리나라 어디에서나 흔히 만날 수 있습니다. 참매미는 잠이 없어서 새벽부터 일어나 시끄럽게 울

참매미
몸길이 36mm 안팎

'맴 맴 맴 맴 매앰' 노래하는 참매미 • 59

어 대요. 맑은 날이면 더욱 신이 나서 맘껏 울죠. 물론 흐린 날도 울어요. 우는 매미는 모두 수컷입니다. 수컷은 한바탕 울고 나서는 자리를 다른 곳으로 옮기는 버릇이 있어요. 그러다가 암컷이 가까이에 있기라도 하면 더 이상 자리를 옮기지 않고 줄곧 '맴 맴 맴 맴 매앰~' 소리 높여 웁니다.

나무즙을 먹는 어른벌레

참매미 어른벌레는 몸매가 두툼하고 통통해요. 온몸은 희끄무레하지만, 등은 까만 바탕에 녹색과 노란색, 흰색이 섞여 있습니다. 여느 매미들처럼 참매미도 애벌레와 어른벌레가 사는 곳이 서로 달라요. 애벌레는 땅속에서 살고, 어른벌레는 땅 위에서 살지요.

애벌레에서 어른벌레로 날개돋이 한 참매미는 아무리 길어봤자 열흘쯤밖에 못 살아요. 그러니 어른벌레는 짧은 기간 동안 자손을 낳아야 하니 몸도 마음도 바쁩니다. 하지만 우선 밥을 먹어야 힘이 생겨서 마음에 드는 짝을 찾고 알도 낳을 수 있어요.

그러면 어른벌레는 무엇을 먹고 살까요? 바로 나무즙이에요. 참매미 주둥이는 바늘처럼 뾰족합니다. 주삿바늘처럼 뾰족한 주둥이로 단단한 나무껍질을 뚫고 나무즙을 쭉쭉 빨아 먹어요. 주둥이는 나무를 뚫을 만큼 힘이 엄청 세죠. 이런 주둥이 힘은 힘센 근육으로 가득 찬 이마방패에서 나와요. 그래서 매미과 집안 식구들은 앞짱구처럼 앞으로 둥글게 툭 튀어나온 이마방패를 가지고 있지요.

노래 부르는 수컷

참매미가 속해 있는 매미과 식구들은 수컷만 울고 암컷은 울지 못해요. 암컷은 울음 기관이 없어서 '벙어리매미'라고도 하지요. 수컷은 왜 이렇게 시끄럽게 울까요?

참매미도 소리 내는 여치나 귀뚜라미와 마찬가지로 암컷과 짝짓기를 하고 새끼를 낳기 위해 울지요. 수컷이 멋들어지게 울면 암컷은 말매미나 유지매미, 털매미 같은 다른 매미 수컷들이 한꺼번에 울고 있어도 자기와 같은 종 수컷 울음소리를 귀신같이 찾아냅니다.

그럼 수컷은 어떻게 울까요? 수컷 배를 잘 들여다보세요. 수컷 울음 기관은 첫 번째 배마디에 있어요. 울음 기관은 떨림(진동)막, 소리근육(발음근), 공기주머니로 이루어졌습니다. 떨림막은 굉장히 질기고 얇은 키틴질로 된 막이에요. 소리근육은 떨림막과 이어진 V자처럼 생긴 근육이지요. 떨림막 바로 아래에 있는 공기주머니는 소리를 크게 울려 퍼지게 합니다. 소리근육이 움직이며 떨림막이 빠르게 떨리면 울음소리가 납니다. 이때 수컷은 배를 한껏 부풀려 공기주머니를 크게 만들어요. 공기주머니가 크면 클수록 울음소리가 크게 나거든요. 이렇게 배를 실룩거리며 소리를 내니 참매미는 악기로 치면 관악기랍니다. 그렇다 보니 같은 종이라도 몸통이 크면 울음소리가 크고, 몸통이 작으면 울음소리가 작습니다. 암컷은 큰 울음소리에 더 끌리기 때문에 몸통이 큰 수컷을 더 좋아합니다.

울음소리 덕분에 마음에 드는 짝을 찾기도 하지만 때때로 천적들에게 들켜 공격을 받을 수도 있어요. 새들은 나무에 붙어 우는 수컷을 찾아와 잡아먹기도 합니다. 소리를 내기 때문에 새 같은 천적들에게 자기가 있는 곳을 알려주기 때문이지요. 그렇다고 두 손 놓고 새들에게 밥이 될 수만은 없잖아요? 똑똑하게도 참매미는 수컷 한 마리가 울기 시작하면 다른 수컷들이 따라 함께 울어 대기 시작해요. 이렇게 수컷들이 여기저기서 한꺼번에 울면 새들은 매미가 앉아 있는 곳을 제대로 알기 어려워 사냥을 그르치기 일쑤랍니다.

또 수컷은 자기가 사는 곳에 다른 수컷이 들어오지 말라고 경고할 때도 울어요. 한 나무에 여러 매미가 붙어 있어도 저마다 자기 영역이 있지요. 그래서 다른 수컷이 자기 영역에 들어오면 먼저 자리를 잡고 있던 수컷이 더 크게 울어 대며 다른 수컷이 우는 것을 방해합니다. 울음소리로 텃세를 부리는 것이지요.

땅속에서 사는 애벌레

암컷이 우렁찬 수컷 울음소리에 이끌려 수컷 곁으로 다가가요. 기다렸다는 듯이 수컷은 암컷을 반갑게 맞아 짝짓기에 성공합니다. 짝짓기를 마친 암컷은 살아 있는 나뭇가지든 죽은 나뭇가지든 가리지 않고 알을 낳아요. 암컷은 삽처럼 끝이 뾰족한 산란관으로 나뭇가지 겉껍질을 찢어 구멍을 만들고서는 그 속에 알을 낳습니다. 알은 이듬해 여름까지 한 해 동안 나뭇가지 속에 있지요. 알을 낳은 지 한 해가 지나야 비로소 애벌레가 태어나요. 갓 태어난 애벌레는 곧바로 꼬물꼬물 기어 나무 아래 땅속으로 들어갑니다.

땅속에 자리 잡은 애벌레는 나무뿌리를 쭉쭉 빨아 먹으며 자라요. 2년에서 4년 동안 허물을 여러 번 벗으면서 천천히 자랍니다. 이렇게 오랫동안 땅속에 있는 까닭은 천적을 따돌리려는 속셈이지요.

땅속을 벗어나는 참매미 애벌레

맑은 날, 다 자란 애벌레는 땅겉까지 굴을 파고 올라와 저녁이 오기를 기다려요. 어둠이 내리기 시작하자, 애벌레는 땅속을 벗어나 땅 위로 올라옵니다. 그리고 한시도 머뭇거리지 않고 본능적으로 어기적어기적 기어서 둘레에 있는 나무를 타고 올라가요. 땅속에서 지낸 티라도 내듯 애벌레 몸에는 흙이 엉겨 붙어 있네요.

애벌레는 안전한 나뭇가지에 자리를 잡으면 그때부터 날개돋이를 시작합니다. 머리에서 가슴등판까지 이어진 탈피선이 천천히 갈라지기 시작하네요. 탈피선이 갈라지면서 어른벌레 등과 머리가 서서히 허물에서 빠져나오기 시작합니다. 보일락 말락 하게 몸을 움직이면서 머리를 허물에서 빼내지요. 연한 옥색 빛이 도는 머리에서 동그란 두 눈이

참매미 날개돋이

1 애벌레가 흙을 뚫고 나온다.

2 알맞은 곳에 자리를 잡는다.

3 등이 갈라지고 몸이 나온다.

4 몸을 뒤로 젖혀 배를 빼낸다.

5 막 나온 매미 날개는 쭈글쭈글하다.

6 날개가 다 펴질 때까지 쉰다.

까맣게 빛나고, 두 눈 사이에 있는 빨간 홑눈 3개가 루비처럼 반짝여요. 세상에 처음 얼굴을 내미는 그 모습이 참으로 예쁘네요. 이어서 날개와 다리가 슬슬 빠져나오고 마침내 통통한 배도 빠져나오기 시작합니다. 배가 나올 때는 머리와 가슴을 살짝 일으켰다 내렸다 하네요.

아직도 날개는 구겨진 휴지처럼 꼬깃꼬깃 뭉쳐 있고, 다리는 바짝 오그리고 있습니다. 신기하게도 몸이 허물에서 시나브로 빠져나올수록 더욱더 몸을 뒤로 젖힌답니다. 이렇게 몸을 뒤로 젖히면 중력이 몸을 아래로 끌어당겨 그만큼 허물에서 빠져나오기가 쉽지요.

날개돋이를 시작한 지 한 시간쯤 지나자, 드디어 어른벌레가 허물에서 다 빠져나왔습니다. 그러고서는 천천히 쭈그러진 날개를 다리미질하듯이 곱게 펴요. 눈부시게 아름다운 날개가 펼쳐지자 제 입에서 저절로 감탄사가 흘러나오네요. 얇고 보드라운 날개가 얼마나 아름답고 놀라운지 차마 아무 말도 할 수가 없어요. 참매미는 밤새 나뭇가지에 앉아서 말랑말랑한 몸이 단단하게 굳을 때까지 기다려요. 새벽이 되어 몸이 다 굳으면 시원한 울음소리를 뽐내러 포르르 날아갑니다.

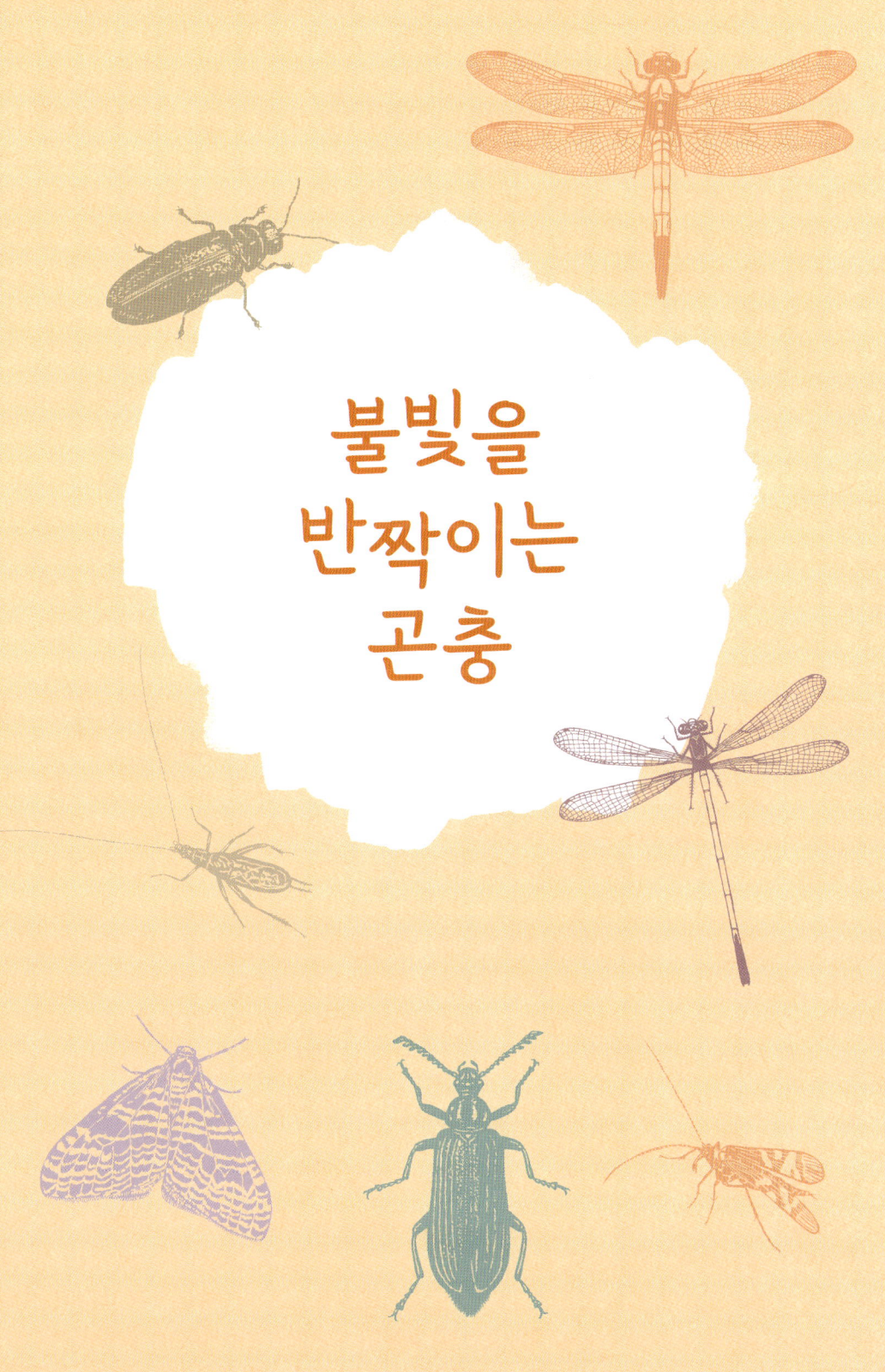

불빛을 반짝이는 곤충

우리나라에서 가장 늦게 나오는
늦반딧불이

늦반딧불이는 우리나라에서 사는 반딧불이 가운데 몸집이 가장 커요. 몸길이가 수컷은 15밀리미터쯤 되고, 암컷은 20밀리미터쯤 되어서 암컷이 살짝 더 큽니다. 애벌레 시절을 물속에서 보내는 애반딧불이와는 달리 늦반딧불이는 애벌레와 어른벌레 모두 땅 위에서 살아요. 어른벌레는 주둥이가 거의 사라져서 아무것도 먹지 않습니다.

늦반딧불이는 이름처럼 우리나라 반딧불이 가운데 가장 늦게 나옵니다. 7월에서 9월 사이에 어른벌레가 불빛을 내며 날아다니는데 추운 북쪽 지방에서는 여름에, 따뜻한 남쪽 지방에서는 가을에 나오죠. 그래서 늦반딧불이는 무더운 여름이 한풀 꺾여 아침저녁으로 선선한 늦여름에 자주 만날 수 있습니다. 늦반딧불이는 온 세계에서 우리나라와 일본 대마도에서만 사는 귀한 반딧불이입니다.

늦반딧불이 수컷
몸길이 15~18mm

늦반딧불이 암컷
몸길이 20mm 안팎

우리나라에서 가장 늦게 나오는 늦반딧불이 • 69

날개가 없는 암컷

늦반딧불이는 몸매가 넓적한 원통처럼 생겼어요. 머리는 푹 숙이고 있어서 위에서 내려다보면 안 보여요. 늦반딧불이는 암컷과 수컷 생김새가 조금 달라요. 수컷은 온몸 빛깔이 주황색인데 딱지날개와 더듬이, 다리만 까매요. 이와 달리 암컷은 온몸이 주황색을 띱니다. 수컷 더듬이는 빗살처럼 갈라져서 암컷보다 조금 더 길지만, 암컷 더듬이는 실처럼 밋밋하게 길쭉하고 살짝 짧은 편이에요. 무엇보다도 날개가 많이 다르게 생겼어요. 그래서 암컷과 수컷을 다른 종으로 여길 때가 더러 있답니다. 수컷은 앞날개와 뒷날개를 온전히 다 가지고 있어서 훨훨 날아다닐 수 있어요. 하지만 암컷은 앞날개가 퇴화되어서 흔적만 남아 있고, 뒷날개는 아예 없어서 마치 애벌레처럼 보입니다. 물론 암컷은 날개가 없으니 날아다닐 꿈도 못 꿔요. 그래서 암컷은 알 낳고 죽을 때까지 땅바닥이나 식물 위를 걸어 다닌답니다. 또 수컷은 겹눈이 머리 절반을 차지할 만큼 큰데, 암컷 겹눈은 그보다 작아요. 수컷 눈이 이렇게 더 큰 까닭은 암컷이 반짝이며 내는 불빛을 잘 보기 위해서지요. 날지 못하는 암컷이 앉아 있는 곳을 부지런히 찾아다니려면 큰 눈이 한몫을 합니다.

해 지면 날아다니는 늦반딧불이

늦반딧불이는 초저녁에 나오는 곤충이에요. 낮과 밤에는 돌 아래, 덤

불 숲, 두엄 같은 곳에서 꼼짝 않고 쉬다가 초저녁에만 잠깐 나와 휘익 휘익 날아다녀요. 해가 지자마자 저녁 7시쯤부터 1시간쯤 동안만 깜짝쇼 하듯이 날아다니며 짝을 찾습니다. 다행히 어른벌레는 보름쯤 살고, 사람을 별로 무서워하지 않아서 산 밑에 있는 집 마당까지 날아오기 때문에 마음만 먹으면 쉽게 만날 수 있어요.

8월 말이 되면 낮이 짧아져 저녁 7시만 되면 어둠이 내리고 하늘에 별들이 하나둘 떠올라요. 이때를 기다렸다는 듯이 늦반딧불이는 뒷산 덤불숲에서 슬금슬금 나와 어둠을 가로질러 앞이 탁 트인 풀밭으로 날아옵니다. 늦반딧불이는 애반딧불이와 달리 깜박깜박 빛을 내지 않고 불빛을 오랫동안 길게 내며 날아요. 마치 불빛으로 하늘에 붓글씨를 쓰는 것처럼 불빛이 길게 뻗어 나옵니다. 그래서 대여섯 마리가 함께 날아오르기라도 하면 풀밭은 이리저리 하늘에 그어지는 불빛으로 꽉 차 황홀합니다.

늦반딧불이 수컷은 꽁무니에서 빛이 난다.

날개가 없는 늦반딧불이 암컷은 주로 풀숲 바닥에 앉아 있기 때문에 수컷은 하늘을 높이 날다가도 때때로 땅바닥을 스치듯 날며 암컷을 찾아다녀요. 마침 풀밭에 앉아 있던 암컷이 수컷이 내는 멋진 불빛을 보았나 봐요. 얼른 암컷도 불빛을 밝게 내서 화답을 하네요. 놀랍게도 이때 암컷은 성페로몬도 풍겨서 수컷을 부릅니다. 애반딧불이는 성페로몬을 풍기지 않고 불빛으로만 대화를 하거든요. 그래서 늦반딧불이 수컷 더듬이는 암컷이 풍기는 냄새를 잘 맡으려고 빗살처럼 갈라진 것이지요. 더듬이에는 감각 기관이 빼곡히 들어차서 더듬이가 크면 클수록 냄새를 잘 맡을 수 있답니다. 수컷은 암컷이 내는 불빛과 성페로몬에 이끌려 신나게 암컷에게 날아와요. 수컷이 가까이 다가오면서 불빛을 더 세게 낼수록 암컷도 불빛을 더 밝게 내서 응답을 하죠. 암컷과 수컷이 만나자 드디어 수컷은 암컷 등 위로 올라가 짝짓기를 합니다.

달팽이를 즐기는 애벌레

짝짓기를 마친 암컷은 서둘러 알 낳을 곳을 찾습니다. 날개가 없으니 멀리 가지 않고 땅바닥을 걸어 다니다 돌 밑이나 풀뿌리 둘레에 알을 낳지요. 알은 적게는 40개에서 많으면 120개쯤 낳습니다. 알 크기는 1.7밀리미터로 깨알만큼 작아요. 알은 그대로 겨울을 납니다. 알을 8~9월에 낳기 때문에 이때 애벌레로 깨어나면 먹잇감이 모자란 데다 곧 추위가 닥쳐와 잘 자랄 수 없기 때문이지요.

이듬해 봄이 되면 알에서 애벌레가 깨어나요. 애벌레는 땅 위를 기어다니며 여러 가지 달팽이와 민달팽이 같은 연체동물을 보는 족족 잡아먹으며 무럭무럭 자랍니다. 애벌레는 야행성이라 낮에는 산기슭이나 논밭 둘레 돌 밑에 숨어 있다가 밤이 되면 밖으로 나와 사냥하지요.

늦반딧불이 애벌레는 달팽이를 어떻게 먹을까요? 애벌레 주둥이는 아주 뾰족하고 날카롭답니다. 우선 달팽이 몸속에 주둥이를 꽂고 소화 효소를 집어넣어요. 그러면 달팽이 속살이 서서히 녹으면서 걸쭉한 죽이 되지요. 달팽이 죽이 다 되면 애벌레는 주둥이로 속살을 들이마십니다. 우리가 종종 보는 풀잎이나 풀 줄기에 붙어 있는 달팽이들은 이렇게 늦반딧불이 애벌레에게 맛있는 밥이 되지요.

늦반딧불이 애벌레는 달팽이를 잡아먹는다.

다 자란 애벌레는 몸길이가 25~40밀리미터쯤 될 만큼 몸집이 꽤 큽니다. 신기하게도 애벌레도 엄마 아빠처럼 배 꽁무니에 빛을 내는 기관을 가지고 있어요. 그래서 밤에 불빛을 내며 기어 다니죠. 엄마 아빠와 달리 초저녁에만 돌아다니지 않고 밤 늦게까지 땅 위를 기어 다니며 달팽이를 잡아 배를 채워요.

다 자란 애벌레는 흙속에서 번데기로 탈바꿈합니다. 두 주쯤 지나면 어른벌레가 되어 밖으로 나와요. 가끔 달팽이를 제대로 못 먹어 덜 자란 애벌레는 어른벌레로 날개돋이를 못 하고 애벌레 모습으로 겨울잠을 잘 때도 있습니다.

반딧불이 친척

반딧불이와 친척뻘 되는 곤충에는 미대륙반디(Pengodida), 반디붙이(Drilidae), 홍반디와 병대벌레가 있어요. 이 곤충들은 모두 반딧불이처럼 몸이 부드러워서 손으로 누르면 움푹 들어가고, 몸 마디들이 느슨하게 이어졌습니다. 그 가운데 홍반디와 병대벌레는 우리나라에도 살고 있죠. 하지만 홍반디와 병대벌레는 반딧불이와 달리 불빛을 내지 못해요. 홍반디는 주로 숲속에서 살아요. 대부분 빨간 옷을 입고 있는 데다 생김새가 반딧불이와 닮아서 가끔 반딧불이로 여길 때도 있지요.

미대륙반디와 반디붙이는 우리나라에 살지 않아요. 애벌레와 어른벌레 모두 빛을 내는 기관이 있어서 반딧불이처럼 불빛을 낸답니다. 미

대륙반디 무리는 모두 아메리카 대륙에 사는데 50종쯤이나 됩니다. 그 가운데 미대륙반디는 '철도벌레'로 가장 잘 알려졌어요. 철도벌레는 애벌레인데, 몸 양쪽 옆구리 11군데에서 녹색 불빛을 내고, 한술 더 떠 머리 두 군데에서도 붉은 불빛을 냅니다. 불빛이 얼마나 센지 철도벌레가 불빛을 내며 땅 위를 기어가면 마치 불을 환하게 켠 채 달리는 기차처럼 보인답니다. 그래서 철도벌레라는 이름이 붙었습니다.

여러 가지 홍반디

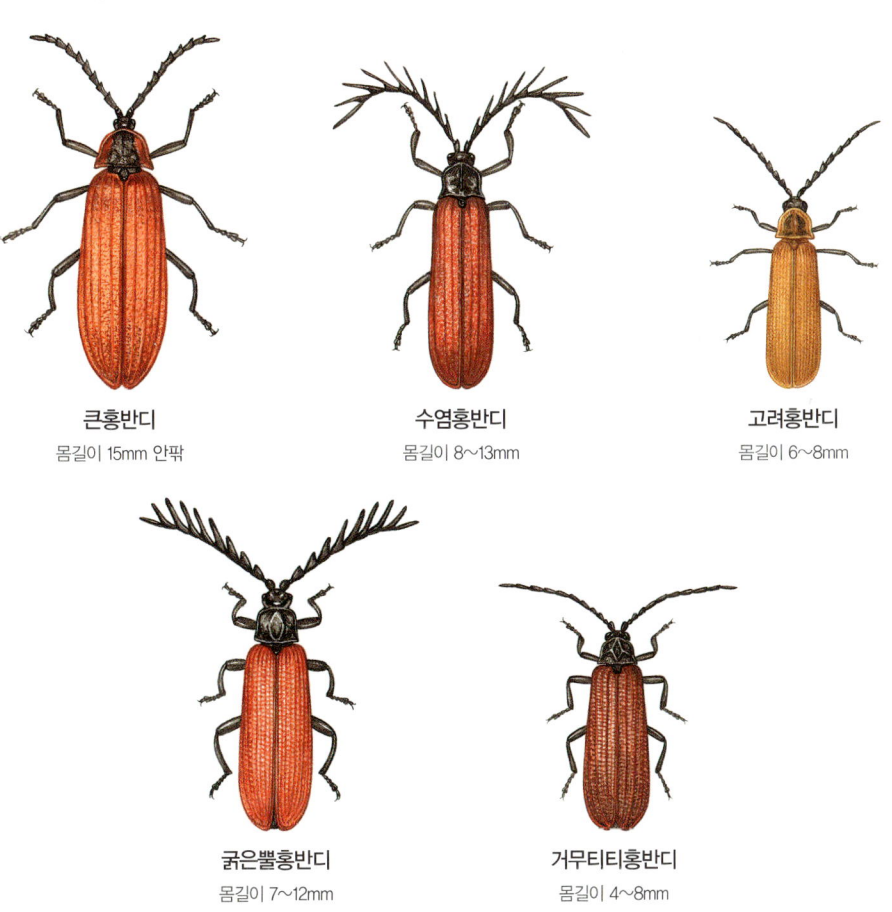

큰홍반디
몸길이 15mm 안팎

수염홍반디
몸길이 8~13mm

고려홍반디
몸길이 6~8mm

굵은뿔홍반디
몸길이 7~12mm

거무티티홍반디
몸길이 4~8mm

불빛으로 이야기 나누는
애반딧불이

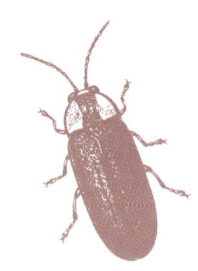

  6월 중순, 여름으로 가는 문턱이에요. 선선한 밤바람이 불어와서 벼르고 벼르다 평소 눈여겨 봐두었던 산에 애반딧불이를 보러 왔어요. 산언저리에는 자그마한 다랑논과 느릿느릿 흐르는 둠벙이 있어요. 날이 어두워지자 둠벙 가장자리에서 불빛이 불쑥불쑥 솟아오릅니다. 그러더니 새 깃털처럼 너풀너풀 날면서 불춤을 추네요. 여기서 번쩍 저기서 번쩍 별똥별 떨어지듯 불빛이 번쩍입니다. 애반딧불이에요! 불빛으로 글씨를 쓰듯 깜박이며 풀밭 위를 낮게 날아다닙니다. 하늘에도 별이 떠 있고, 땅에도 별이 날아다니니 하도 황홀해서 넋을 놓고 바라봤답니다. 오늘 밤은 별 세상이네요.

개똥벌레

이름만 들어도 기분 좋은 반딧불이는 지방마다 부르는 이름이 달라요. '반디, 불한듸, 반딧불, 개똥버러지, 개똥파리, 개똥벌, 개똥가리, 개똥벌레'라고도 하죠. 그 가운데 우리에게 가장 낯익은 별명은 개똥벌레예요. 왜 이런 이름이 붙었을까요?

예전에는 지금처럼 쓰레기를 가져가지 않아서 집집마다 대문 밖에 두엄자리를 마련했어요. 그곳에 먹다 남은 음식이나 집 둘레에서 베어 낸 풀, 심지어 소나 개들이 싸 놓은 똥들도 갖다 버렸지요. 그렇게 쌓인 두엄은 농사에 아주 좋은 천연 거름이 되었습니다.

옛 어른들은 그 두엄자리에서 반딧불이를 보았다고 해요. 아마도 낮 동안 두엄 아래쪽에서 쉬던 반딧불이가 밤에 나와 두엄 둘레를 날아다녔나 봐요. 그래서 옛 어른들은 반딧불이가 두엄에 섞여 있는 개똥이나 소똥에서 생겼다고 여겼답니다. 개똥벌레라는 이름은 이 때문에 붙었다고 하네요.

애반딧불이 생김새

애반딧불이는 족보상 딱정벌레목 가문에 반딧불이과 집안 식구입니다. 우리나라에서 사는 반딧불이과 식구 가운데 불빛을 내는 좋은 늦반딧불이, 애반딧불이, 운문산반딧불이 이렇게 석 종이에요. 애반딧불이와 운문산반딧불이는 깜박깜박 빛을 내고, 늦반딧불이는 깜박이지

애반딧불이
몸길이 10mm 안팎

운문산반딧불이
몸길이 10~14mm

않고 줄곧 빛을 냅니다. 그 가운데 늦반딧불이 불빛이 가장 밝아요. 애반딧불이가 가장 먼저 나오고, 늦반딧불이가 가장 늦어 늦여름이나 가을에 나옵니다. 애반딧불이는 암컷과 수컷 모두 날 수 있지만, 늦반딧불이나 운문산반딧불이 암컷은 뒷날개가 없어 못 날아요. 또 애반딧불이 애벌레만 물속에서 살고, 나머지 애벌레는 땅 위에서 살지요. 애반딧불이는 말 그대로 반딧불이 가운데 몸집이 '애기'처럼 작다고 붙은 이름이에요. 실제로 애반딧불이는 몸집이 운문산반딧불이나 늦반딧불이보다 작습니다. 그래도 몸길이는 8~10밀리미터쯤 되니 맨눈으로도 잘 볼 수 있어요.

애반딧불이는 온몸이 까매요. 앞가슴등판은 주황색인데, 한가운데에 까만 세로줄이 굵게 그려져 있지요. 재미있게도 머리는 아래쪽으로 향하고 있어서 마치 수줍게 머리를 숙이고 있는 것처럼 보여요. 애반딧불이는 걸어갈 때도, 위험을 느껴 가짜로 죽을 때도 늘 머리를 숙이고 있지요. 몸에는 짧고 부드러운 주황색 잔털이 빼곡히 덮여 있습니다. 더듬이는 실처럼 길쭉하고 모두 11마디로 이뤄졌어요. 더듬이 마디마디에는 털이 촘촘히 나 있습니다. 더듬이에는 수많은 감각 기관이 모여 있어서 둘레에서 벌어지는 변화를 재빨리 알아차려요. 툭 불거져 나온 동그란 겹눈은 머리 대부분을 차지할 만큼 커요. 겹눈이 큰 까닭은 깜깜한 밤에 서로가 내는 불빛을 잘 봐야 하기 때문이지요.

애반딧불이 어른벌레는 무엇을 먹을까요? 어른벌레는 주둥이가 퇴화되어서 이슬만 먹을 수 있어요. 이슬만 먹으니 몸에 영양이 부족해서 오래 살지 못하고 두 주쯤 밖에 못 삽니다. 애벌레가 1년쯤 사는 것에 비하면 어른벌레는 엄청 짧게 사는 셈이지요. 그래서 어른벌레는 짧은 기간 동안 불빛을 깜박이며 짝을 찾아 짝짓기 하고 알을 낳아야 하니 몸도 마음도 바쁩니다.

불춤 추는 어른벌레

애반딧불이 어른벌레는 야행성이라 낮에는 풀숲, 돌멩이 밑, 가랑잎

밑에서 꼼짝 않고 쉬어요. 그러다 밤이 되면 제 세상이라도 만난 듯 죄다 나와서 날아다니며 불춤을 추지요. 배 꽁무니에서 불빛을 깜박깜박 내면서 말이에요. 밤이다 보니 어른벌레 모습은 안 보이고 불빛만 보입니다. 몸집이 작다 보니 늦반딧불이나 운문산반딧불이보다 한결 부드럽고 약한 빛을 내죠.

애반딧불이는 다른 반딧불이보다 낮게 날지만, 때때로 높게 날 때도 있어요. 가끔은 키 큰 나무 잎 위에 앉아 고운 불빛을 반짝거리다가 하늘로 날아오르기도 하죠. 비가 세차게 쏟아지지만 않으면 비 오는 날에도 불빛을 내며 날아요. 애반딧불이는 짝을 찾을 때까지 연못 둘레를 송사리 떼처럼 왔다 갔다 빛을 내며 날아다닙니다.

불빛은 어디서 나올까

애반딧불이는 암컷과 수컷 모두 날 수 있어요. 애반딧불이는 암컷이 수컷보다 몸집이 더 큽니다. 그렇지만 몸집이 작은 수컷이 암컷보다 불빛을 훨씬 환하게 깜박여요. 왜일까요?

애반딧불이는 모두 배 끝 쪽에 불빛을 내는 기관이 있는데, 수컷이 암컷보다 빛을 내는 세포가 더 많습니다. 암컷은 다섯 번째 배마디에 빛을 내는 기관이 한 개 있는데, 수컷은 다섯 번째 배마디와 여섯 번째 배마디에 각각 한 개씩 두 개 있습니다. 그래서 암컷 불빛이 수컷보다 약하지요. 거의 수컷이 하늘을 날며 밝은 불빛을 깜박이고, 암컷은 풀

위나 땅바닥에 앉아 불빛을 깜박입니다.

불빛 대화

어른벌레가 불빛을 내는 까닭은 짝을 찾기 위해서예요. 암컷과 수컷은 짝을 찾으려고 불빛을 주고받으며 사랑의 대화를 나누는 거예요. 보통 수컷은 불빛을 1분에 60~120번 깜빡거려요. 깜빡이는 횟수는 '짝짓기 작업'이 진행될수록 빨라집니다.

밤이 되면 우선 수컷이 풀밭 어딘가에 앉아 있을 암컷 눈길을 끌기 위해 불빛을 깜박거리며 나는데, 이때는 1분에 60번쯤 천천히 깜박입니다. 수컷이 보내는 불빛이 마음에 들면 풀 위에 앉아 있던 암컷이 불빛을 깜박거려요. 그러면 수컷은 신이 나서 더욱 빠르게 불빛을 깜박이며 암컷에게 날아가죠. 이에 질세라 암컷도 수컷과 똑같이 빠르게 깜박깜박 불빛을 보냅니다.

암컷이 보내는 불빛에 이끌려 날아온 수컷은 암컷을 찾기도 전에 벌써 흥분해요. 수컷이 더듬이를 이리저리 흔들면서 드디어 풀잎 위에 앉아 있는 암컷을 찾았네요. 마주한 수컷과 암컷은 서로 마음에 쏙 들었는지 불빛을 더 빠르게 깜박입니다. 짝짓기를 할 때는 둘 다 1분에 120번까지 깜박입니다. 깜깜한 밤에 서로 마음을 주고받는 불빛 대화를 보고 있자니 제 마음이 다 흐뭇합니다.

애반딧불이 애벌레는 물속에 살면서 다슬기나 우렁이, 물달팽이 따위를 잡아먹는다.

다슬기 잡는 애벌레

짝짓기를 한 지 4~5일이 지났어요. 이제 암컷은 알을 낳으러 물가를 찾아갑니다. 그러고는 축축하고 부드러운 이끼 사이에 공처럼 동그란 알을 50개에서 150개쯤 붙여 낳습니다. 알을 다 낳은 암컷은 서서히 힘이 빠져 죽습니다.

알을 낳은 지 30일쯤 지나면 알에서 애벌레가 깨어나요. 애벌레들은 깨어나자마자 알아서 물을 찾아 물속으로 들어가죠. 이제부터 물속에서 맛있는 다슬기와 우렁이, 물달팽이 같은 연체동물을 잡아먹으며 내년 봄까지 살아야 해요. 애벌레는 허물을 네 번 벗고 자라다가 겨울이 되면 물속에서 애벌레로 겨울잠을 잡니다. 이듬해 봄에 다 자란 애벌레는 번데기가 되기 위해 물 밖으로 나와 논둑이나 연못가 흙으로 자리를 옮겨요. 그런 다음 축축하고 질척질척한 흙 속으로 파고들어 번데기 방을 만들고 그 속에서 번데기로 탈바꿈하죠. 이제 여름 들머리가 되면 번데기에서 어른벌레가 날개돋이 해서 나와 깜깜한 밤에 불춤 추며 날아다닙니다.

떼 지어 불빛을 내는
운문산반딧불이

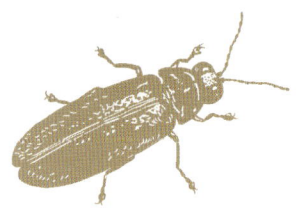

 6월 중순에 제주도에 왔어요. 남쪽 지방답게 아직 한여름이 되지 않았는데도 후텁지근하네요. 서쪽 하늘에는 저녁노을이 붉게 물들었어요. 땅에 어둠이 슬금슬금 내려오자 하늘에는 별들이 하나둘 떠올라요. 서둘러 운문산반딧불이를 보러 낮에 봐 두었던 곶자왈로 달려갔습니다. 아무도 없는 깜깜한 오솔길을 천천히 걷는데 이따금씩 숲속에서 바스락거리는 소리가 나 깜짝깜짝 놀랐어요. 반딧불이를 만난다는 기대감에 무서움을 꾹 참고 숲 안쪽으로 들어가니 역시 눈앞에서 불빛들이 어지럽게 춤을 추고 있네요. 한두 마리가 아니에요. 이쪽저쪽 사방에서 수백 마리가 한꺼번에 모여 반짝반짝 불춤을 추어요. 세상에! 하늘에 뜬 별들이 우수수 쏟아져 내려온 것 같습니다. 어두운 밤하늘에 흐드러지는 불빛을 보고 있자니 숨이 멎을 만큼 아름답습니다. 무서움을 꾹 참고 오길 참 잘했다는 생각이 드네요.

빨간 저고리, 까만 치마

운문산반딧불이는 경상도 운문산에서 처음 찾았기 때문에 붙은 이름이랍니다. 산 이름을 따 이름을 지었기 때문에 기억하기 쉬워요. 운문산반딧불이는 애반딧불이와 달리 애벌레와 어른벌레 모두 땅 위에서 삽니다. 운문산반딧불이는 가로등이나 건물에서 나오는 불빛이 닿지 않고, 달팽이 같은 연체동물이 많은 곳에서 살아요. 그래서 축축한 골짜기가 있는 산기슭에 가면 운문산반딧불이를 만날 수 있습니다.

운문산반딧불이 수컷
몸길이 10~14mm 안팎

운문산반딧불이는 몸길이가 8밀리미터쯤 될 만큼 몸집이 제법 커요. 온몸은 까만데 앞가슴등판만 빨개요. 그래서 빨간 저고리에 까만 치마를 입은 것 같이 정갈해 보입니다. 머리는 수줍은 듯 아래쪽으로 수그리고 있어서 잘 안 보이고, 더듬이는 실처럼 길쭉해요.

운문산반딧불이는 암컷과 수컷 생김새가 살짝 다릅니다. 수컷은 뒷날개가 있어서 날 수가 있지만, 암컷은 뒷날개가 없어서 못 날아요. 그래서 암컷은 죽을 때까지 땅바닥이나 식물 위를 걸어 다닙니다. 또 수컷은 겹눈이 머리 절반을 차지할 만큼 큰데, 암컷 겹눈은 그보다 작지요. 늦반딧불이처럼 수컷은 암컷이 반짝이는 불빛을 잘 찾아내야 해요. 암컷이 날지 못하고 땅 위에 숨어 있으니 짝짓기를 하려면 수컷이 암컷을 찾아 날아가야 하기 때문이에요. 암컷은 눈뿐만 아니라 몸집도 수컷보다 작습니다.

운문산반딧불이 수컷
몸길이 10~14mm

함께 불춤을 추어요

운문산반딧불이는 낮 동안에는 풀잎이나 나뭇잎 뒤에 숨어 있습니다. 깜깜한 밤이 되어야 슬금슬금 움직이기 시작하죠. 운문산반딧불이는 초저녁에도 이따금 나오기는 하지만 밤 9시부터 밤 12시 사이에 가장 활발하게 불빛을 내며 날아요. 그래서 늦은 밤에 나가야 운문산반딧불이를 제대로 볼 수 있지요. 밤이 깊어지면서 운문산반딧불이들이 깜깜한 밤하늘을 수놓듯 이리 번쩍 저리 번쩍 신나게 불춤을 추네요. 그러다 불빛이 한소끔 잦아들기 시작하더니 잠시 숲속이 조용해졌습니다. 얼마 안 있어 나뭇잎에 앉아 있던 한 마리가 깜박깜박 불빛을 내며 날아오르자, 기다렸다는 듯이 또 한 마리가 불빛을 깜박깜박 내며 날아오르고, 이어서 또 한 마리가 깜박깜박하며 날아오르네요. 이윽고 수백 마리가 마치 약속이나 한 것처럼 여기저기서 불꽃놀이를 하듯 펑펑 불빛을 터뜨리며 불춤을 춥니다. 이쪽에서 저쪽으로, 저쪽에서 이쪽으로 날아다니며 깜박거리니 '아! 아!' 입에서 그저 감탄사만 흘러나오네요. 그러다가 어느 순간 또 깜빡임이 잠잠해지는 듯하다가 한 마리가 날기 시작하면 또 죄다 날아오르기를 되풀이합니다.

운문산반딧불이는 왜 이렇게 한꺼번에 불춤을 출까요? 이런 것을 한자말로 '동조 현상'이라고 해요. 한 마리가 어딘가 앉아 있다가 깜박이며 날아오르면, 다른 반딧불이들도 이에 질세라 먼저 날아오른 반딧불이를 따라 너도나도 깜빡이며 날아오르는 것이지요. 또 암컷이 내는 불빛을 맨 먼저 찾은 수컷이 불빛을 깜빡이며 날아오르면, 다른 수컷들도 죄다 깜빡이며 날아오릅니다. 이렇게 수컷들이 동조 현상을 보이는 까닭은 원활하게 짝짓기를 하기 위해서인 것 같아요.

날지 못하는 암컷

운문산반딧불이는 비슷한 때에 불빛을 내는 애반딧불이보다 더 밝고 더 맑은 빛을 내요. 이렇게 밤마다 불빛을 반짝이는 까닭은 짝을 찾기 위해서지요. 여치와 귀뚜라미가 소리로 암컷을 부르는 것처럼 암컷과 수컷은 불빛으로 서로를 부릅니다. 운문산반딧불이 수컷은 보통 1분에 70번쯤 불빛을 깜빡이지요.

마침 수컷 한 마리가 앞이 탁 트인 풀밭을 가로질러 불빛을 깜빡이며 날아가네요. 어딘가에 앉아 있을 암컷에게 자기가 짝을 찾고 있다는 신호를 보내면서요. 암컷을 만날 때까지 밤새도록 깜박거리며 풀밭 위를 오고 갑니다. 하지만 암컷을 찾기란 하늘에 별 따기만큼 어려워요. 무슨 까닭인지 아직 모르지만, 암컷 숫자가 수컷보다 훨씬 적기 때문이지요.

그때예요. 용케도 수컷이 암컷을 찾았네요. 암컷은 풀 줄기에 매달린 채 불빛을 깜박깜박하고 있어요. 기쁜 나머지 수컷은 불빛을 더욱 빨리 깜박거리며 암컷에게 다가갑니다. 암컷도 수컷에게 화답하느라 빠르게 불빛을 내고, 이것을 본 수컷은 더 빨리 불빛을 깜박여요. 이렇게

운문산반딧불이 애벌레는 땅 위를 돌아다니며 먹이를 찾는다.

불빛을 주고받으며 암컷과 수컷은 서로 사랑을 확인합니다. 드디어 암컷 곁에 온 수컷은 암컷 등 위로 올라가 암컷을 앞다리로 꼭 잡고 짝짓기를 해요. 짝짓기 하면서도 암컷과 수컷은 여전히 불빛을 냅니다. 하지만 불빛은 시나브로 약해지고, 불빛을 내는 간격도 길어져서 느릿느릿 깜박이지요.

불빛은 어떻게 낼까?

운문산반딧불이가 속해 있는 반딧불이과 집안 식구들은 대부분 배에 빛을 내는 기관을 가지고 있어요. 빛을 내는 기관은 종마다 다르게 생겼고, 같은 종이라도 암수가 살짝 다르기도 해요. 그럼 빛은 어떻게 낼까요? 빛을 내려면 원료가 필요한데, 운문산반딧불이는 자기 몸속에서 원료를 만듭니다. 빛을 내는 기관에는 빛을 내는 세포가 있고, 빛을 내는 세포 속에는 빛을 내는 원료가 들어 있지요. 이 빛을 내는 원료가 '루시페린(Luciferin)'이에요. 그런데 루시페린은 홀로 불빛을 내지 못합니다. 루시페린이 불빛을 내려면 반드시 효소가 필요해요. 다행히 빛을 내는 세포 속에는 '루시페라아제(Luciferase)'라는 효소가 들어 있어요. 이 효소는 루시페린이 빛을 내도록 도와주는 물질입니다.

신기하게도 반딧불이가 내는 불빛은 뜨겁지 않고 차가워요. 그래서 아무리 많은 반딧불이를 손에 올려놓아도 데지 않지요. 그래서 반딧불이가 내는 불빛을 '차가운 빛'이라는 뜻인 '냉광(冷光, cold light)'이라고 합니다.

  그런데 빛을 내려면 몸에 쌓아 둔 에너지가 많이 들어가요. 그래서 반딧불이들은 될 수 있는 한 낮에는 나뭇잎이나 풀잎, 돌 밑 같은 곳에서 쉬면서 에너지를 아낍니다. 환한 낮에 불빛을 반짝거려 봤자 아무 소용이 없기 때문이지요.

달팽이를 먹는 애벌레

  짝짓기를 마친 암컷은 서둘러 알 낳을 곳을 찾아요. 알은 이끼나 부드러운 흙 위에 50개에서 100개까지 낳습니다. 알에서 깨어난 애벌레는 땅 위에서 살면서 달팽이 같은 연체동물을 잡아먹으며 무럭무럭 자라요. 추운 겨울이 다가오면 돌 틈이나 흙속으로 들어가 겨울잠을 잡니다. 이듬해 봄이 되면 다시 달팽이를 먹으며 몸을 키우다 늦봄에 흙속에서 번데기로 탈바꿈합니다. 싱그러운 여름이 시작되는 6월이 되면 번데기에서 어른벌레가 날개돋이 해서 나와 반짝반짝 불빛을 내며 또 밤하늘을 수놓지요.

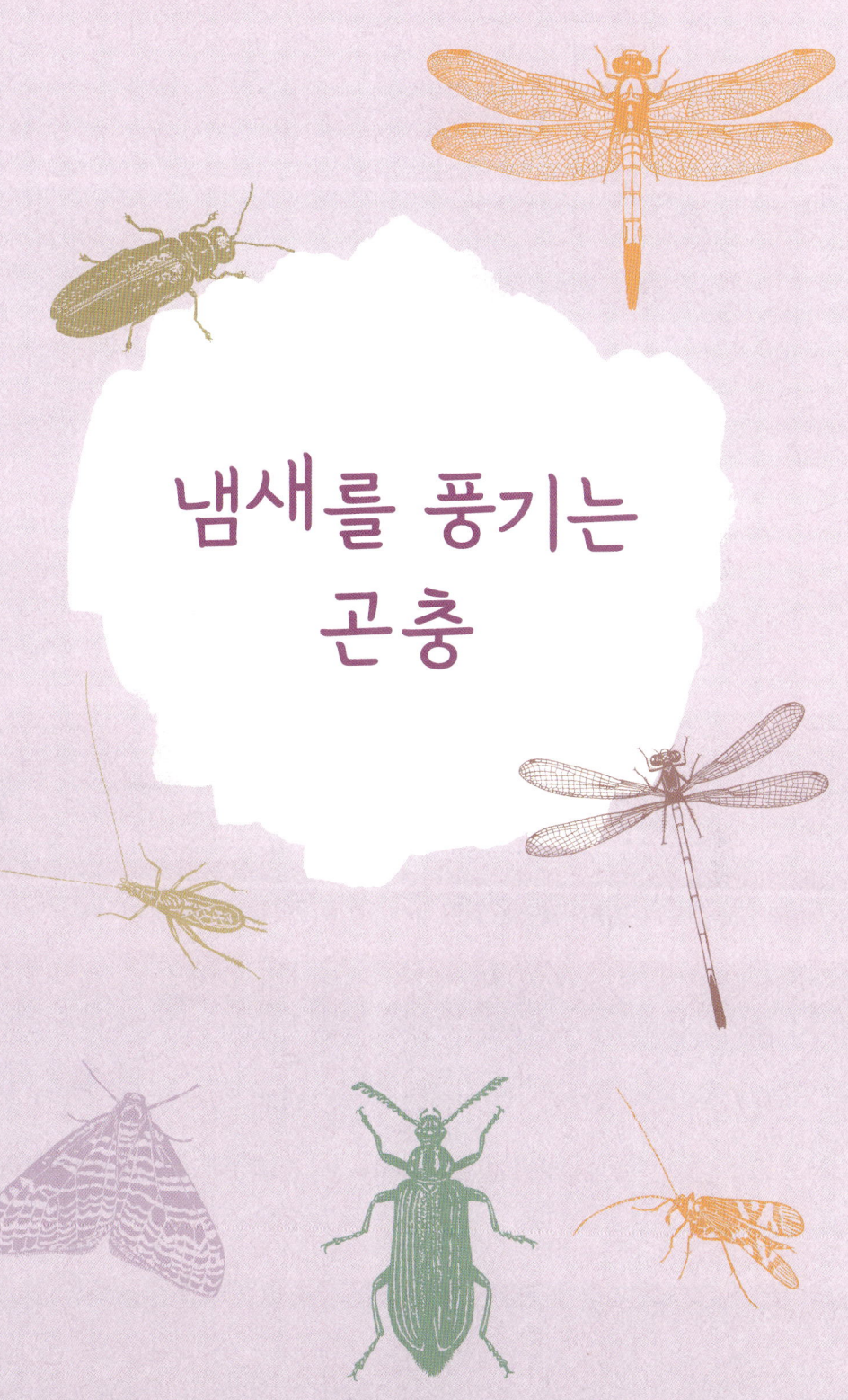

냄새를 풍기는 곤충

겨울이면 신바람 나는
겨울자나방

　11월 말이 되자 겨울로 접어들었어요. 아침저녁으로 온도가 뚝 떨어져 손이 시릴 만큼 춥네요. 숲속에도 슬금슬금 겨울이 찾아와요. 봄, 여름, 가을 동안 떠들썩하던 벌레들은 대부분 겨울잠 자러 들어가 숲속이 조용하죠. 하지만 추위를 비웃기라도 하듯 겨울만 되면 활개를 치며 숲속을 날아다니는 곤충이 있어요. 바로 겨울자나방이에요.

겨울을 좋아하는 겨울자나방

　겨울자나방은 족보상 자나방과 집안 식구예요. 그 가운데 추운 겨울에 나와 돌아다니는 무리들만 골라서 '겨울자나방'과 '겨울가지나방'이라는 이름을 붙였어요.
　이름 그대로 겨울자나방은 거의 모든 곤충들이 겨울잠을 자는 겨울에 나와 돌아다녀요. 그것도 햇볕이 내리쬐는 따뜻한 낮이 아니라 온도가 꽤 내려가는 밤에 나와 숲속을 아무렇지도 않게 날아다닙니다. 겨울자나방이 얼어 죽을 걸 무릅쓰고 추운 겨울에 나오는 까닭은 단 한 가지에요. 어른벌레에게 가장 중요한 임무인 짝짓기를 하기 위해서지요.

겨울자나방은 겨울이지만 그래도 제법 포근하고 바람이 불지 않는 밤을 좋아해요. 특히 눈이나 비가 내리기 직전 축축한 날이면 많은 겨울자나방들이 쏟아져 나와 숲속을 날아다닙니다. 종에 따라 어떤 자나방은 겨울 문턱인 11월에서 12월 초에, 어떤 자나방은 초봄 문턱인 2월에서 3월초에 나와 날아다녀요.

날개 달린 수컷, 날개 없는 암컷

겨울이라 밤이 일찍 내려앉아요. 해가 지고 어둑어둑해지자 서둘러 집 가까운 생태 공원에 갔습니다. 겨울자나방을 만나야 하니 손전등을 손에 꼭 쥐고 오솔길을 조심조심 걸었어요. 손전등을 이리저리 비추면서 나무줄기를 꼼꼼히 살펴봅니다.

바로 그때 백 원짜리 동전만 한 희끄무레한 나방이 숲속을 가로질러 날아와 나무줄기에 앉네요. 너무 기쁜 나머지 재빨리 다가가 봤죠. 역시나 겨울자나방 수컷이네요. 설렘이 채 가라앉기도 전에 또 다른 겨울자나방이 가녀린 날개를 펄럭이며 날아와요. 손전등 불빛을 향해 이쪽저쪽에서 여러 마리가 잇달아 날아오니 장관이네요. 날아온 자나방들이 가랑잎이나 나무줄기에 앉아 가녀린 날개를 펼쳤다 접었다 하며 안절부절못합니다. 다들 날개를 달고 있는 걸 보니 수컷이네요. 아무리 커 보았자 동전만 한데다 몸 색깔까지 나무껍질 색깔과 비슷해서 눈에 잘 띄지 않습니다.

이 추운 밤에 수컷 나방들이 떼로 우르르 날아다니는 것을 보니 둘레에 암컷이 있는 것 같아요. 얼른 손전등을 비추며 이 나무 저 나무 줄기를 샅샅이 살펴봤지요. 아! 역시 나무줄기 위쪽에 통통한 나방 한 마리가 앉아 있어요. 그런데 몸이 굉장히 희한하게 생겼습니다. 분명히 나방인데 날개가 붙어 있지가 않아요. 날개가 없는 것을 보니 겨울자나방 암컷임에 틀림없습니다.

암컷은 날개가 아주 짧아서 배가 다 드러나요. 그래서 꼭 번데기 같습니다. 몸길이는 10밀리미터쯤 되어서 몸집이 작은 편이에요. 몸에는 은회색 비늘 가루가 빼곡하게 덮여 있어서 나무에 앉아 있으면 눈에 잘 띄지 않습니다. 다리 여섯 개는 조금 긴 편이고, 더듬이는 실처럼 가늘어요. 여느 나방과는 다르게 자나방 암컷은 날개가 퇴화되었어요. 가끔 날개가 코딱지만 하게 흔적만 남은 암컷도 있지만 아예 날개 흔적조차 찾아볼 수 없는 암컷이 대부분이랍니다.

손전등을 줄곧 비추자, 암컷이 불빛을 피해 도망가기 시작하네요. 날개가 없어 날아갈 수 없으니 재빠르게 걸어서 도망칩니다. 얼마나 빨

큰겨울자나방 수컷
날개 편 길이 10~20mm

리 달리는지 벌써 나무줄기 꼭대기까지 올라갔네요.

　암컷이 멀찌감치 가 버리자, 수컷들은 멀리 도망친 암컷을 쫓아 날아가느라 정신이 없어요. 오늘 밤에 짝짓기를 못하고 넘기면 암컷을 만날 때까지 날마다 나와야 하기 때문이지요.

암컷이 내뿜는 페로몬

　날개가 없는 암컷은 깜깜한 밤에 어떻게 수컷을 만나서 짝짓기를 할까요? 해결책은 간단해요. 바로 냄새를 풍기면 되거든요. 이 냄새를 '성페로몬'이라고 합니다. 밤이 되면 암컷은 성페로몬 냄새를 풍겨요. 바람이 잘 통하는 나뭇가지에 앉은 뒤 털이 북슬북슬 난 배 꽁무니를 한껏 치켜들지요. 그리고 오묘한 냄새가 나는 페로몬을 뿜어 대기 시작합니다. 페로몬 냄새는 바람을 타고 숲속 여기저기로 구석구석 퍼져 나가요. 더욱이 흐린 날에는 축축한 공기에 페로몬 알갱이가 잘 달라붙어서 페로몬 냄새가 오래오래 남지요.

　이때를 기다린 수컷들은 암컷이 풍긴 페로몬 냄새가 나는 곳을 찾아 숲속을 헤매며 날아다닙니다. 드디어 수컷 한 마리가 암컷이 앉아 있는 나뭇가지에 날아왔어요. 수컷은 두말 할 것도 없이 암컷에게 날아가 암컷 둘레를 얼쩡거리며 짝짓기 할 기회를 엿보죠. 암컷도 그런 수컷이 마음에 들었는지 나무줄기에 달라붙은 채 배 꽁무니를 쭉 뺍니다. 그러자 수컷이 잽싸게 다가가 자기 배 꽁무니를 갖다 대요. 마침내

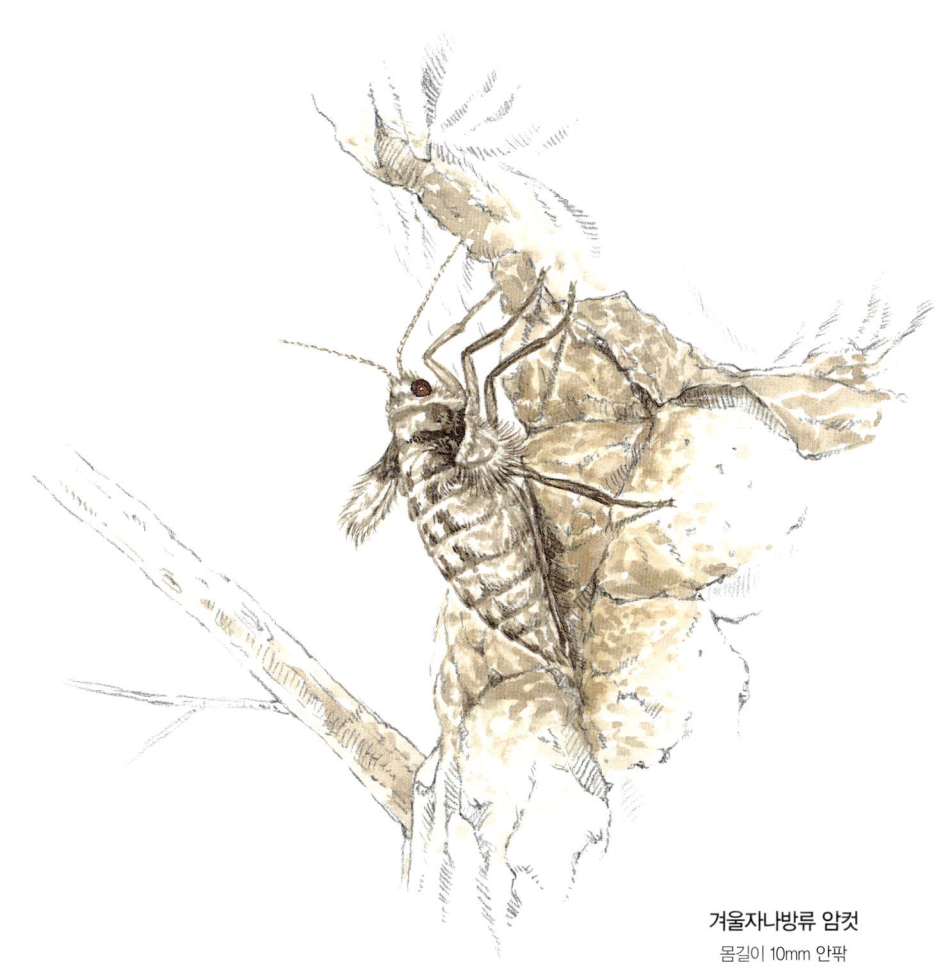

겨울자나방류 암컷
몸길이 10mm 안팎

이 깜깜한 숲속에서 암컷과 수컷이 만나 짝짓기에 성공하네요. 추운 바람이 불어도 암컷과 수컷은 떨어지지 않고 사랑을 나눕니다.

짝짓기를 마친 지 얼마 지나지 않아 수컷은 죽고, 암컷도 애벌레가 먹을 식물 줄기에 알을 낳고 죽습니다. 줄기에 낳은 알은 그대로 추운 겨울을 견디죠.

알에서 나온 애벌레

추운 겨울이 지나고 봄이 왔어요. 아직은 날씨가 쌀쌀해서 거의 모든 곤충들이 잠자고 있는 이른 봄이에요. 이때 추운 겨울을 무사히 넘긴 겨울자나방 알에서 애벌레가 태어나요. 애벌레는 보드라운 잎을 먹으며 애벌레 시절 동안 모두 네 번 허물을 벗으며 무럭무럭 큽니다.

어느덧 다 자란 애벌레는 번데기로 탈바꿈할 준비를 합니다. 겨울자나방 애벌레는 과감히 잎사귀 집을 버리고 나무줄기를 타고 땅으로 내려옵니다. 그리고 땅속으로 들어가 번데기로 탈바꿈하죠. 경쟁자가 많은 잎사귀 위보다는 애벌레를 노리는 천적이 적고 제멋대로 바뀌는 날씨 영향도 덜 받는 땅속이 훨씬 안전하기 때문입니다.

자나방 애벌레는 푹신푹신한 땅을 고른 뒤 짧은 다리로 꾸물꾸물 움직거리며 땅을 얕게 파고 들어가요. 그러고서는 입에서 토한 명주실과 다리로 둘레에서 끌어온 흙 부스러기를 섞어 번데기 방을 만듭니다. 몇 시간 동안 쉴 새 없이 일한 끝에 드디어 달걀처럼 생긴 번데기 방이 만들었어요. 힘들게 일하느라 고된 애벌레는 흙으로 빚은 번데기 방에서 이틀쯤 쉰 뒤에 마침내 애벌레 때 입었던 연둣빛 허물을 벗고 번데기로 탈바꿈합니다.

번데기는 잠꾸러기라 오랫동안 꿈쩍하지 않고 잠을 잡니다. 따스한 봄, 무더운 여름, 선선한 가을이 지나가는 줄도 모르고 그저 쥐 죽은 듯 조용하게 반년도 넘게 잠만 잡니다. 아침저녁으로 기온이 뚝 떨어져 추워지는 겨울 들머리가 되면 번데기는 슬슬 잠에서 깨어나요. 그리고 머리부터 등까지 난 탈피선을 가르고 날개 달린 어른벌레로 마침내 날개돋이 합니다.

몸짓으로 사랑을 나누는 곤충

암컷을 지키는
밀잠자리

　여름 문턱 6월이에요. 연못 둘레에 4월부터 띄엄띄엄 보이던 밀잠자리가 제법 많아졌습니다. 버드나무 가지 위에 날개를 양옆으로 활짝 펼치고 사뿐히 앉아 동그란 머리만 꼬무락꼬무락 움직이네요. 암컷이 다가오기를 목 빠지게 기다리는 수컷이에요. 머리, 가슴, 배 꽁무니만 빼고 연한 하늘색이라 참 예뻐요. 한번 잡아 볼 마음을 먹고 살금살금 다가가 손을 뻗는 순간, 눈치 빠른 밀잠자리가 잽싸게 날아 도망갑니다. '에구~ 놓쳤네, 아깝다.' 하지만 잠시 뒤 다시 나뭇가지에 돌아와 앉은 밀잠자리는 아무 일도 없었다는 듯이 햇볕을 쬐네요.

흔한 밀잠자리

　밀잠자리는 굉장히 흔해요. 우리나라 강가, 연못, 시냇가처럼 물만 있으면 어디서나 만날 수 있어요. 4월부터 10월까지 날아다니는데, 6~8월에 가장 많이 나옵니다. 다른 잠자리와 달리 다 자란 애벌레들이 한꺼번에 날개돋이 하지 않고 봄부터 가을까지 저마다 자라는 속도에 맞추어 꾸준히 날개돋이 하죠.

수컷

밀잠자리
몸길이 48~54mm

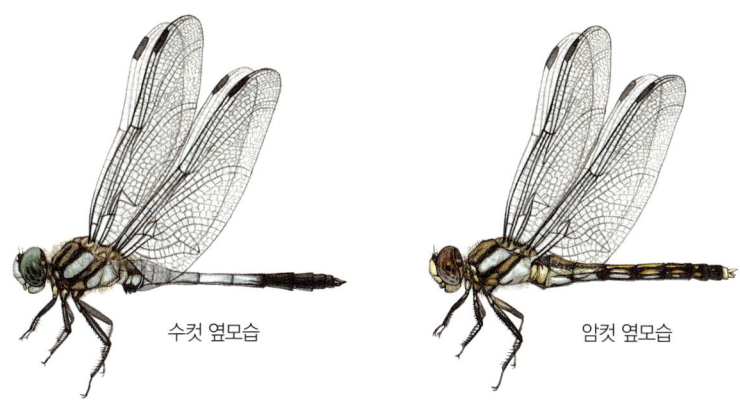

수컷 옆모습 　　　　　 암컷 옆모습

암컷을 지키는 밀잠자리 • 105

밀잠자리는 뒷날개를 편 길이가 50밀리미터쯤 됩니다. 몸집이 꽤 커서 멀리서도 눈에 잘 띄어요. 신기하게도 갓 날개돋이 했을 때는 암컷과 수컷 모두 몸 색깔이 희끄무레한 밤색이에요. 이때는 미성숙 시기라서 아직 짝짓기를 할 수 없어요. 좀 더 자라서 짝짓기 할 때가 되면 수컷 몸 색깔이 화려하게 혼인색을 띱니다. 머리와 가슴, 7~10번째 배마디는 까맣고, 1~6번째 배마디는 잿빛이 도는 하늘색으로 바뀌죠. 암컷 몸 색깔은 보호색을 띠어서 덜 자랐을 때와 비슷한 희끄무레한 밤색이에요.

어른벌레와 애벌레 모두 육식성이라서 힘없는 생물을 잡아먹습니다. 어른벌레는 하늘을 날면서 나비와 파리매 같은 곤충을 억센 다리로 낚아채 사냥한 뒤 튼튼한 큰턱으로 와작와작 씹어 먹지요.

암컷을 꼭 잡고 다니는 수컷

짝짓기 할 때가 되자, 혼인색을 띤 수컷이 연못에 나타났어요. 밀잠자리 수컷은 연못 위를 휘휘 날아다니며 자기가 사는 곳에 아무도 얼씬거리지 못하게 지킵니다. 마침 다른 수컷이 연못에 날아오니 잽싸게 날아가 위협을 하며 쫓아버리네요. 때때로 갈대 잎이나 나뭇가지에 앉아 암컷이 나타나기만을 목을 빼고 기다리죠.

바로 그때, 밀잠자리 암컷이 날아왔어요. 날갯짓하며 연못 위를 시원스레 날아다니자, 이때를 기다렸던 수컷이 잽싸게 날아가 암컷을 덮쳐

밀잠자리 암컷이 풀 줄기에 앉아 있다.

요. 눈 깜짝할 사이에 수컷은 배 꽁무니에 달린 갈고리 같은 '파악기'로 암컷 머리를 꽉 잡네요. 정확하게 겹눈과 겹눈 사이를 잡는군요. 암컷은 싫지 않은지 수컷이 하는 대로 내버려 둡니다. 이번에는 암컷이 배를 둥글게 구부려 수컷 두 번째와 세 번째 배마디에 배 꽁무니를 갖다 대요. 드디어 짝짓기 자세가 하트 모양처럼 만들어졌어요. 수컷은 배를 움찔거리며 암컷에게 자기 유전자가 들어 있는 정자를 넘겨줍니다.

물낯을 치며 알을 낳아요

짝짓기가 마무리되자 암컷이 몸부림을 쳐요. 그러자 암컷 머리를 꽉 붙잡고 있던 수컷 배 꽁무니 갈고리가 암컷 머리에서 빠집니다. 이제 암컷은 자유로운 몸이 되어 알을 낳기 위해 연못으로 날아가죠. 수컷은 암컷을 뒤쫓아 날아가 암컷 곁을 날면서 지킵니다. 암컷은 배 꽁무니로 물낯을 탁탁 치며 알을 낳기 시작해요. 배 끝으로 물낯을 탁 쳤다가 날고, 또 물낯을 탁 쳤다가 날기를 되풀이합니다. 이렇게 꽁무니로 물낯을 칠 때마다 알들이 무더기로 나와요. 그러고는 물속 바닥으로 가라앉습니다.

이렇게 암컷이 알을 낳는 동안 수컷은 여전히 암컷을 졸졸 쫓아다니며 함께 날면서 지킵니다. 암컷이 왼쪽으로 가면 왼쪽으로 따라가고, 오른쪽으로 가면 오른쪽으로 따라가죠. 갑자기 다른 수컷이 알 낳는 암컷에게 다가가려 해요. 암컷 곁을 지키던 수컷은 잽싸게 침입자에게 날아가더니 큰턱으로 꽉 물어 내쫓습니다. 이렇게 암컷을 지키는 수컷 행동을 한자말로 '산란 경호'라고 해요. 수컷이 그러든 말든 암컷은 전혀 관심이 없어요. 그저 여기저기를 옮겨 가며 알을 낳는 일에만 몰두합니다.

수컷은 왜 암컷을 지킬까

왜 수컷은 암컷을 안 떠나고 암컷 둘레를 빙빙 돌까요? 자기 유전자를 지키기 위해서입니다. 여느 곤충들처럼 잠자리 집안도 짝짓기를 여러 번 해요. 더 나은 유전자를 얻기 위해서예요.

　암컷은 산란관 옆에 있는 주머니에 여러 수컷으로부터 얻은 정자를 차곡차곡 모아 둡니다. 암컷이 알을 낳을 때 이 주머니 속에 모아 두었던 정자가 나와 자연스럽게 수정이 되지요. 문제는 가장 나중에 들어

밀잠자리 암컷이 물낯을 톡톡 치며 알을 낳고,
수컷이 알을 낳는 암컷 곁을 지키고 있다.

온 정자가 수정할 때 가장 먼저 쓰이거든요. 그러니 모든 수컷들은 자기가 마지막 배우자가 되기를 바랍니다. 그래서 짝짓기를 마친 수컷은 알 낳는 암컷을 악착같이 따라다니며 다른 수컷이 암컷과 짝짓기를 못하게 지키는 거예요. 그러니 암컷을 끈질기게 따라붙는 수컷을 나무랄 일은 아니지요?

물속에 사는 애벌레

밀잠자리 암컷이 알을 낳은 지 열흘쯤 지나자, 드디어 물 바닥에 떨어진 알에서 애벌레가 태어나요. 밀잠자리 애벌레는 연못, 하천가, 둠벙 같은 물속에서 사는데, 더러운 물에서도 살아남을 만큼 적응력이 뛰어납니다. 어린 애벌레는 동물성 플랑크톤 같은 힘없는 생물을 잡아먹으며 자라요. 허물을 여러 번 벗고 몸이 커지면 큰턱도 튼튼해져서 훌륭한 사냥꾼이 되지요. 밀잠자리 애벌레는 물속 밑바닥에서 진흙을 뒤집어쓰거나 나뭇잎 속에 숨어 있다가 지나가는 실잠자리 애벌레, 실지렁이, 하루살이 애벌레 같은 곤충을 잡아먹기도 하고, 헤엄쳐 다니다가 물풀 둘레를 얼쩡대는 송사리, 물자라, 장구애비, 올챙이 같은 동물들을 잡아먹기도 합니다.

물속에서 숨쉬기

밀잠자리 애벌레는 물속에서 어떻게 숨을 쉴까요? 어른벌레는 가슴과 배 옆구리에 있는 숨구멍으로 공기를 마시면 되는데, 물속에 사는 애벌레는 물에 녹아 있는 산소를 걸러 내야 해요. 그래서 애벌레는 물고기처럼 아가미를 가지고 있어요. 그런데 이 아가미가 물고기처럼 생기지 않았습니다. 밀잠자리 애벌레 아가미는 항문에 있기 때문에 '직장 아가미'라고도 해요. 항문 안쪽 주름진 곳에 아가미가 있지요. 하필이면 왜 항문에 아가미가 있을까요? 그 까닭은 알 수 없지만 아무튼 기가 막히게 알맞은 곳에 아가미가 있네요. 애벌레는 항문으로 물을 빨아들였다가 뿜어내기를 되풀이해요. 그러면 아가미가 항문 속으로 들어온 물에 녹아 있는 산소를 몸속으로 들어가게 도와줍니다. 곤충들이 저마다 다르게 진화한 것을 보면 참 신기할 뿐입니다.

밀잠자리 애벌레 아가미는 숨쉬기 말고도 도망칠 때도 아주 큰 힘이 됩니다. 커다란 물고기 같은 무시무시한 천적을 만나면 재빨리 도망을 쳐야 하겠죠. 이럴 때는 숨을 쉬려고 항문으로 빨아들인 물을 잽싸게 밖으로 확 내뿜어요. 그러면 마치 로켓을 쏘는 것처럼 몸이 빠른 속도로 앞으로 쭉 뻗어 나갑니다. 아가미는 자기를 잡아먹으려는 적을 따돌리는 데도 일등 공신이에요.

이렇게 지내다 추운 겨울이 오면 애벌레는 물 바닥으로 내려가 겨울잠을 자요. 이듬해 봄이 되면 다시 잠에서 깨어 사냥을 하며 한살이를 이어가지요.

밀잠자리 무리

밀잠자리 수컷들은 서로 생김새가 많이 닮았어요. 언뜻 보아서는 다 똑같은 잠자리로 보인답니다. 하지만 하나하나 톺아보면 저마다 생김새가 다릅니다. 이렇게 저마다 다른 생김새를 보고 어떤 잠자리인지 알아내는 일을 한자말로 '종 동정'이라고 해요.

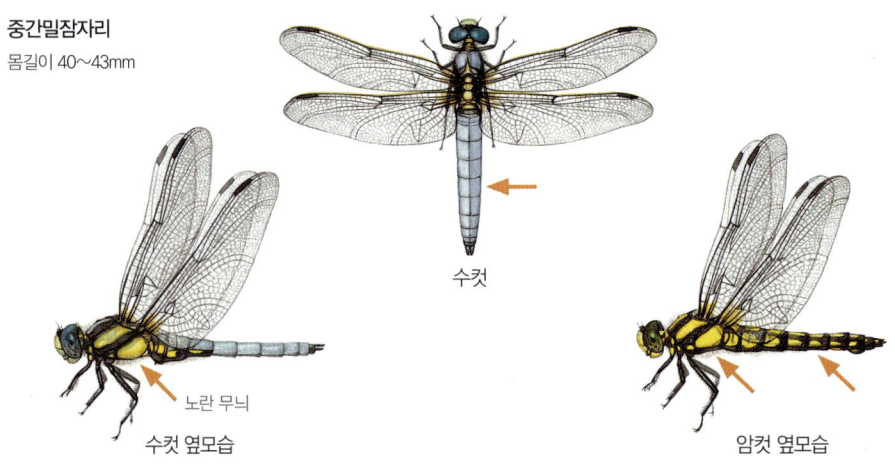

중간밀잠자리
몸길이 40~43mm

수컷
노란 무늬
수컷 옆모습
암컷 옆모습

큰밀잠자리
몸길이 51~53mm

수컷
까만 빛
까만 8~10마디
파란 옆가슴
수컷 옆모습
암컷 옆모습

연두저고리 빨간 치마
새노란실잠자리

  7월에 제주도에 있는 자그마한 연못에 왔습니다. 가냘픈 실잠자리들이 자박자박 물이 고인 연못 위를 민들레 씨앗처럼 날아다니네요. 그 틈에 새색시처럼 고운 새노란실잠자리도 끼어 있어요. 연두저고리에 빨간 치마를 입은 새노란실잠자리가 풀 사이를 헤치며 이리저리 날아다니니 마치 춤을 추고 있는 것 같네요.

남쪽 지방에서만 사는 새노란실잠자리

  새노란실잠자리는 남쪽 지방에서만 만날 수 있어요. 새노란실잠자리가 살 수 있는 북방 한계선은 제주도이지만, 전라남도 앞바다에 둥실 떠 있는 섬에서도 여러 번 만난 적이 있습니다. 앞으로 우리나라 날씨가 점점 더워지면 더 북쪽으로 올라올 지도 몰라요.

새노란실잠자리는 6월에서 10월 사이에 날아다닙니다. 몸길이는 30~40밀리미터로 길지만, 몸집은 실처럼 가느다랗고 늘씬해요. 몸 색깔은 가슴이 연두색이고, 배와 머리는 빨간색이라 한 번만 봐도 반해요. 더욱이 겹눈은 푸른색을 띠고 있어서 굉장히 곱지요. 그것도 모자라 날개는 까만 망사로 한껏 멋을 부린 것 같습니다.

수컷과 암컷은 거의 닮았지만 배 색깔이 살짝 달라요. 수컷은 배가 온통 빨간데, 암컷은 배 꽁무니 7~10번째 배마디 위쪽에 까만 점무늬가 그려져 있습니다.

어른벌레는 땅 위, 애벌레는 물속

새노란실잠자리가 속해 있는 잠자리목 가문 식구들은 어른벌레와 애벌레 사는 곳이 서로 달라요. 집이 두 군데에 있는 셈이죠. 애벌레 집은 물속이고, 어른벌레 집은 땅 위입니다. 새노란실잠자리는 안갖춘탈바꿈을 하기 때문에 애벌레 시절을 물속에서 보내다 번데기 시절을 안 거치고 곧장 어른벌레로 날개돋이 해서 땅 위를 날아다녀요. 따지고 보면 올챙이 때 물속에서 살다 크면 땅 위로 올라오는 개구리처럼 곤충 세계에 양서류인 셈이지요.

새노란실잠자리 어른벌레와 애벌레는 사는 곳은 다르지만 먹고 사는 방법은 비슷해요. 애벌레와 어른벌레 모두 육식성이라 힘없는 생물을 잡아먹고 삽니다. 애벌레는 물속에 숨어 있다가 작은 물고기나 물벼룩

여러 가지 실잠자리

새노란실잠자리
몸길이 30~40mm

노란실잠자리
몸길이 38~42mm

연분홍실잠자리
몸길이 36~38mm

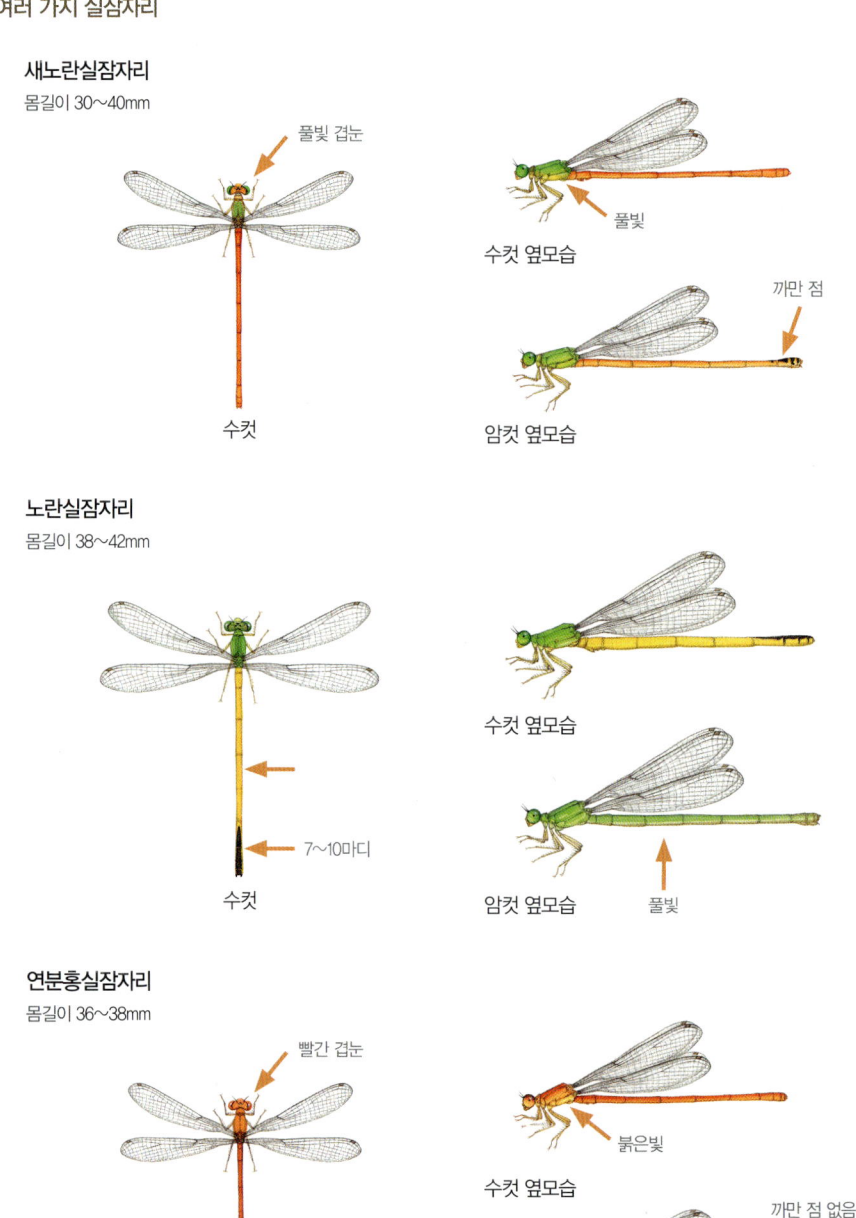

같은 생물이 지나가면 잽싸게 달려들어 잡아먹어요. 어른벌레도 애벌레 못지않게 뛰어난 사냥꾼이라 하늘을 날아다니며 파리매나 파리, 각다귀 같은 힘없는 곤충들을 낚아채 사냥하지요.

  그러면 숨 쉬는 방법도 비슷할까요? 아니에요. 밀잠자리처럼 어른벌레와 애벌레 사는 곳이 다르다 보니 숨 쉬는 방법은 달라요. 어른벌레는 여치 같은 땅 위에 사는 곤충들처럼 가슴과 배 옆구리에 뚫린 숨구멍을 통해 공기를 들이마셔요. 하지만 애벌레는 물속에 살다보니 물고기처럼 아가미로 숨을 쉽니다. 그런데 밀잠자리 애벌레는 꽁무니로 물을 빨아들여 숨을 쉬잖아요. 새노란실잠자리 애벌레는 몸속으로 물을

실잠자리 애벌레는 물속에서 산다.
꽁무니에 나뭇잎처럼 생긴 아가미가 세 개 달려 있다.

빨아들이지 않아요. 새노란실잠자리 애벌레는 배 꽁무니에 나뭇잎처럼 생긴 아가미가 세 개나 달려 있습니다. 이 아가미를 살랑살랑 흔들 때마다 물속에 녹아 있는 산소가 아가미 속으로 들어와 숨을 쉬죠. 이렇게 숨을 쉴 수 있는 까닭을 한자말로 '확산 작용'이라고 해요. 농도가 진한 곳에서 묽은 곳으로 퍼지는 '확산 작용' 때문에 물에 녹은 산소가 아가미로 들어오는 것이지요.

짝짓기 자세

새노란실잠자리 수컷이 연못 둘레에 자란 물풀 사이를 헤치며 날아다니네요. 여기서 한 마리, 저기서 한 마리, 이쪽저쪽에서 여러 마리가 날아다니니 장관이에요. 하지만 이상하게 수컷만 눈에 띄고 암컷은 안 보입니다. 수컷만 눈에 띄는 것을 보니 짝짓기 할 암컷을 찾는가 봐요. 수컷은 동그란 눈을 부릅뜨고 풀밭에 숨어 있을 암컷을 찾아다닙니다.

한참 뒤, 드디어 수컷이 풀잎 위에 새초롬하게 앉아 있는 암컷을 귀신처럼 찾아냈어요. 아마 암컷이 풍긴 성페로몬 냄새를 맡고 날아온 것 같아요. 성페로몬은 곤충들이 짝짓기 하려고 짝을 불러들일 때 풍기는 냄새예요. 수컷은 재빠르게 암컷에게 날아가더니 배 꽁무니에 달려 있는 갈고리같이 날카로운 파악기로 다짜고짜 암컷 목을 꽉 움켜잡아요. 그러고는 수컷은 배 꽁무니에 암컷을 매단 채 부들 잎 위로 날아가 앉습니다. 이때 암컷은 싫은 몸짓 한 번 하지 않고 수컷이 이끄는 대로 매달려 가네요.

 부들 잎으로 자리를 옮긴 새노란실잠자리 암컷과 수컷은 본격적으로 짝짓기를 시작합니다. 그런데 짝짓기 자세가 참 남달라요. 서로 배 꽁무니를 마주 대는 게 아니라 하트 모양을 만드는군요. 암컷은 배를 둥글게 구부려 수컷 배 2~3번째 배마디에 자기 배 꽁무니를 갖다 대요. 수컷 2~3번째 배마디에는 정자를 넣어 둔 주머니가 있거든요. 이때도 여전히 수컷은 배 꽁무니로 암컷 목덜미를 움켜쥐고 있지요. 드디어 하트 모양이 완성되었어요. 이렇게 자세를 잡자마자 수컷은 곧바로 배

새노란실잠자리 짝짓기
수컷이 앞에 있고, 암컷이 뒤에 있다.
서로 배를 둥그렇게 구부리고 짝짓기를 한다.

를 움츠렸다 폈다를 되풀이하며 암컷 몸에 자기 정자를 넣어준답니다. 갑자기 바람이 불어 나뭇잎이 떨어지자, 깜짝 놀란 암컷과 수컷은 휘익 날아 다른 풀잎 위에 앉네요. 물론 이때도 수컷이 하트 모양을 흐트러뜨리지 않은 채 암컷을 끌고 날아가요.

사람들은 하트 모양으로 자세를 잡는 잠자리 짝짓기를 참 보기 좋아하지요. 하지만 알고 보면 이런 자세는 인내심이 필요한 고통스러운 자세입니다. 수컷은 무거운 암컷을 매달고 다녀야 하고, 수컷에게 목덜미를 잡힌 암컷은 수컷에게 매달려 배를 구부린 채 짝짓기를 해야 하니 말이에요.

연결 비행

수컷은 짝짓기를 마쳤는데도 암컷을 놓아주지 않아요. 그러니 암컷은 둥글게 구부렸던 배만 쭉 펼칩니다. 그래서 수컷 배 꽁무니에 암컷이 기차처럼 나란히 매달립니다. 그리고 함께 날아다니죠. 이렇게 나는 것을 한자말로 '연결 비행'이라고 해요. 수컷은 암컷을 이끌고 알 낳을 연못으로 데려가요. 아무리 힘센 수컷이라도 암컷을 배 끝에 매달고 하늘을 날아 연못까지 가는 길은 힘듭니다. 한번에 날아서 연못에 못 가고, 여러 번 풀잎에 앉아 쉬었다 날고 또 다른 풀에 앉았다 날고를 되풀이한 끝에 연못에 도착하지요.

연못에 오자 수컷은 암컷을 붙잡은 채 하늘을 바라보고 꼿꼿이 곤추

섭니다. 그러면 암컷은 배 꽁무니에 있는 산란관을 물속 식물 줄기 속에 집어넣고 알을 낳지요. 지혜롭게도 암컷은 알을 한곳에 다 낳지 않아요. 한곳에 한 번 낳으면 바로 옆으로 날아가 또 알을 낳고, 또 옮겨 가 알을 낳습니다. 알을 낳을 때마다 수컷은 암컷 목덜미를 꽉 붙잡고 암컷이 자세를 잘 잡도록 도와줘요. 알 낳는 자세가 얼마나 힘겨워 보이는지 안쓰럽기만 하네요.

새노란실잠자리가 알을 낳고 있다.
암컷이 알을 낳을 때
수컷이 암컷 뒷목을 잡고 함께 난다.

수컷이 암컷을 끌고 다니는 까닭

수컷은 암컷이 알을 다 낳을 때까지 목을 잡은 채 여기저기 끌고 다닙니다. 다른 수컷이 암컷에게 가까이 다가오지 못하도록 아예 암컷을 데리고 다니는 것이지요. 새노란실잠자리뿐만 아니라 거의 모든 곤충은 암컷과 수컷이 여러 상대와 짝짓기를 합니다. 수컷은 자기 유전자를 널리 퍼뜨리려고 여러 암컷과 짝짓기를 하고, 암컷은 더 좋은 수컷 유전자를 얻으려고 여러 수컷과 짝짓기를 하지요. 때때로 나중에 짝짓기 하는 수컷은 앞서 짝짓기 한 수컷 정자를 암컷 몸에서 파낸 뒤 짝짓기를 하기도 해요. 자기 유전자만 남기려는 본능에 따른 것이죠. 암컷은 알을 낳을 때 몸속 주머니에 모아 둔 정자가 나와 알과 수정이 되는데, 가장 나중에 짝짓기 한 수컷 정자가 가장 먼저 쓰입니다. 짝짓기 한 차례대로 수컷 정자가 암컷 몸속에 차곡차곡 쌓이니까 그런 거지요. 그러니 새노란실잠자리 수컷은 자기 유전자를 가장 먼저 남기려고 짝짓기 할 때부터 알을 낳을 때까지 암컷을 데리고 다니는 것이에요.

수컷 생식기는 두 개

잠자리들은 왜 짝짓기 자세가 꼭 하트 모양일까요? 그 까닭을 알려면 수컷 몸 생김새를 살펴봐야 합니다. 잠자리 수컷은 생식기가 두 개나 있어요. 한 개는 배 끝 아홉 번째 배마디에 있고, 또 한 개는 두 번째 배마디와 세 번째 배마디 사이에 있지요. 수컷 배 끝에는 암컷을 꽉 잡는 갈고리 같은 파악기와 정자가 들어 있는 생식기가 함께 있습니다. 그래서 문제가 생겼습니다. 암컷 목덜미를 잡는 일과 정자를 암컷 몸속에 넣는 일을 한 번에 할 수 없기 때문이지요. 그래서 수컷은 배 중간 마디에 정자를 넣어 두는 주머니를 만듭니다. 그래서 수컷은 암컷과 짝짓기 하기 전에 반드시 배 끝마디에 있는 정자를 배 중간 마디에 있는 정자 주머니로 옮겨야 해요. 연못에서 가만히 쉬는 수컷을 살펴보세요. 수컷이 배 꽁무니를 둥글게 말아 자기 배에 대는 모습을 볼 수 있을 거예요. 배가 간지러워서 그러는 것이 아니고 이때 배 꽁무니에 있는 정자를 정자 주머니로 옮기는 거랍니다. 수컷에 끌려 다니는 암컷도 고달프지만, 암컷을 매달고 다니는 수컷도 고달프기는 마찬가지입니다. 하지만 자기 유전자를 자손에게 넘겨주려면 견디고 또 견뎌야 할 일입니다. 물론 오랜 세월 진화를 거치면서 살아남기 위해 잠자리만이 이룬 위대한 일이지요.

실잠자리 무리

실잠자리 무리는 우리나라에 35종쯤 살아요. 물잠자리 무리, 실잠자리 무리, 청실잠자리 무리, 방울실잠자리 무리가 있지요. 실잠자리는 이름처럼 몸이 실처럼 가늘어요. 잠자리와 달리 앉을 때 날개를 위로 접고 앉습니다. 또 겹눈이 떨어져 있고, 눈 뒤에 무늬가 있어요. 잠자리는 뒷날개가 앞날개보다 더 넓은데, 실잠자리 무리는 앞날개와 뒷날개 생김새가 거의 똑같아요. 어른벌레는 땅 위를 날아다니지만, 애벌레는 물속에서 삽니다.

검은물잠자리
몸길이 60~62mm

물잠자리
몸길이 57~60mm

참실잠자리
몸길이 30~34mm

북방실잠자리
몸길이 40~42mm

작은등줄실잠자리
몸길이 31~35mm

등줄실잠자리
몸길이 26~34mm

등검은실잠자리
몸길이 28~32mm

큰등줄실잠자리
몸길이 38~42mm

작은 무늬

V꼴 눈 뒷무늬

왕실잠자리
몸길이 28~34mm

황등색실잠자리
몸길이 20~22mm

큰 무늬

8마디

왕등줄실잠자리
몸길이 30~32mm

북방아시아실잠자리
몸길이 32~36mm

8마디

8~10마디

푸른아시아실잠자리
몸길이 32~36mm

작은실잠자리
몸길이 36~38mm

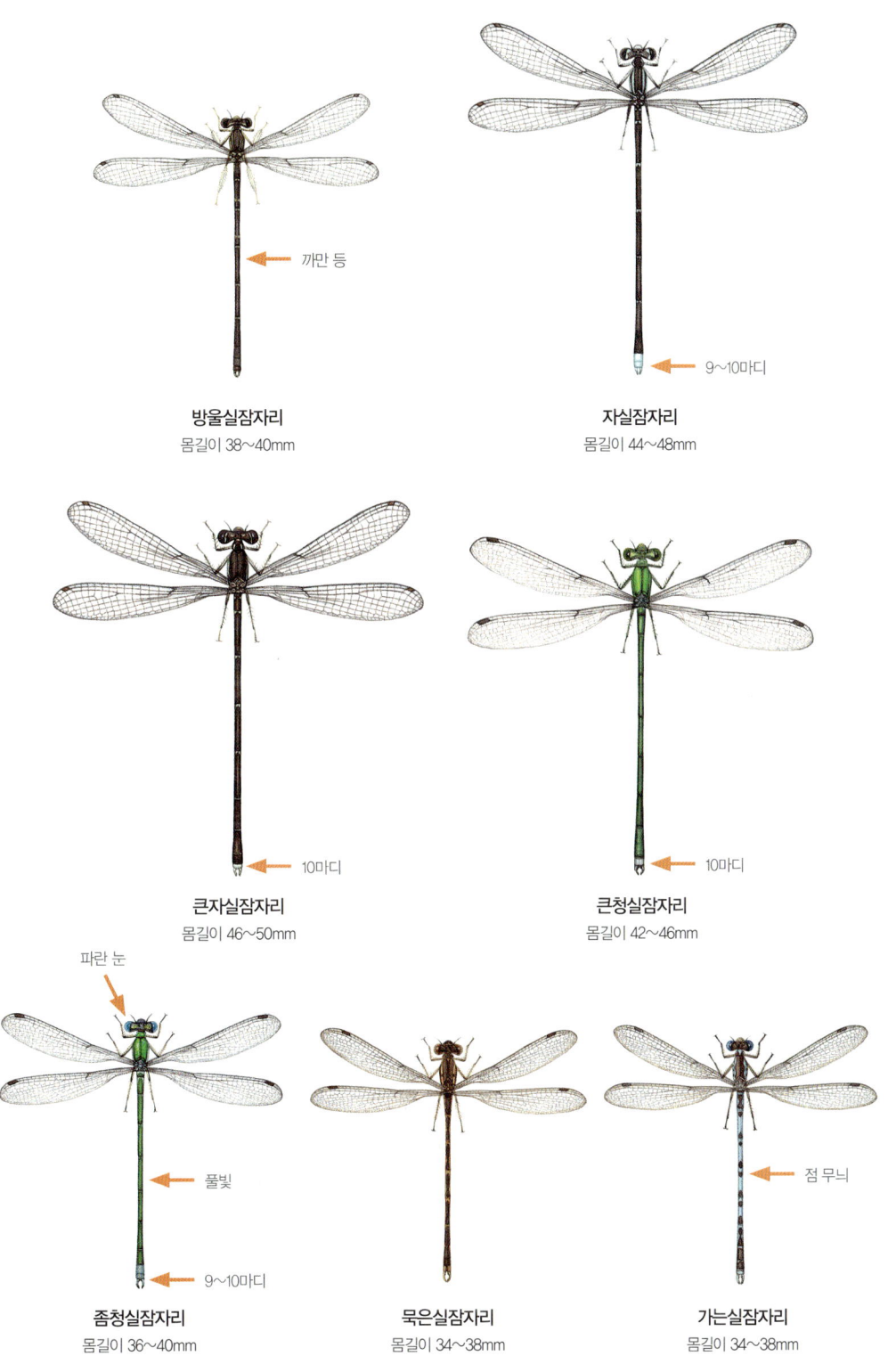

선물을 마련하는 곤충

풀숲을 날아다니는 전갈
밑들이

5월 말 숲과 들에는 수많은 곤충들로 붐벼요. 풀을 먹는 초식성 곤충들부터 힘없는 동물을 잡아먹는 육식성 곤충들까지 죄다 나오니 풀숲은 떠들썩하답니다. 이맘때쯤이면 밑들이가 '포르르 포르르' 날아다니며 나방 애벌레나 자그마한 곤충들을 사냥하는 모습을 자주 볼 수 있어요.

전갈처럼 꽁무니가 들린 밑들이

아침나절에 짙은 풀 내음을 맡으며 숲길을 걸었습니다. 마침 풀잎 위에 앉아 햇볕을 쬐고 있는 밑들이와 딱 마주쳤어요. 이름만 들어도 무엇인가 평범할 것 같지 않지요? 곤충이 지구 동물에 2/3를 차지하다 보니 생김새가 저마다 여러 가지라지만, 그 가운데 밑들이는 아무리

밑들이 수컷
몸길이 10mm 안팎

봐도 생김새가 남다르고 특이하게 생겼습니다.

밑들이는 몸길이가 10밀리미터가 넘을 만큼 몸집이 커서 맨눈에도 잘 띄어요. 앉아 있을 때는 날개를 ㅅ자처럼 펼치지요. 가까이 살펴보면 주둥이가 참 남다릅니다. 곡괭이처럼 생긴 긴 주둥이가 땅을 향하고 있는데, 그 생김새가 도요새 부리와 똑 닮았어요. 주둥이 끝에는 집게처럼 생긴 큰턱이 붙어 있어서 힘없는 곤충을 잡아먹을 수 있지요. 부리 생김새보다 더 눈에 띄는 것은 배 꽁무니예요. 수컷 배 꽁무니는 늘 하늘을 보고 치켜올리고 있습니다. 그래서 마치 전갈 꼬리처럼 생겼답니다. 전갈 꼬리처럼 생긴 배 꽁무니는 모두 세 마디로 이루어졌어요. 첫째와 둘째 마디는 닭다리처럼 생겼고, 셋째 마디는 풍선처럼 부풀어 올라 엄청 큽니다. 맨 끝에는 커다란 발톱까지 붙어 있지요. 게다가 이 꼬리를 김밥 말듯이 둘둘 말아 배 위에 올려놓고 있으니 참으로 요상합니다.

이렇게 하늘을 향해 '밑을 들고 있다'고 해서 이름을 '밑들이'라고 지었어요. 서양에서는 전갈과 생김새가 닮았다고 '스콜피온플라이(scorpionfly)'라고 하죠. 이 '전갈 꼬리'는 사실 수컷 생식기예요. 생식기 치고는 참 남다르게 생겼네요. 하지만 암컷 배 꽁무니는 수컷과 달리 단순해서 송곳처럼 뾰족합니다.

밑들이는 밑들이목 가문 가족이에요. 지구에 사는 밑들이는 400종쯤밖에 안 됩니다. 다른 곤충 무리에 비하면 수가 적지요. 밑들이는 더러운 곳을 싫어해요. 사람 손이 안 타는 깨끗한 숲 가장자리에서 살지요. 그래서 지금처럼 환경이 파괴되면 앞으로 시나브로 사라질 지도 모릅니다.

사냥꾼 밑들이

밑들이는 육식성이라 힘없는 동물이면 닥치는 대로 잡아먹어요. 나뭇잎이나 풀잎 위를 걸어 다니며 기다란 주둥이로 작은 곤충을 잡아먹지요. 파리, 진딧물, 나비 애벌레 같은 벌레를 많이 잡아먹습니다. 때때로 먹이가 모자랄 때는 동물 주검이나 썩어 가는 과일, 꽃가루, 열매, 새로 돋아나는 식물 새순이나 이끼도 먹습니다. 밑들이는 굉장히 날렵해요. 움직임이 재빠른데다가 눈치까지 빨라서 살금살금 다가가도 화들짝 놀라 후다닥 날아 도망가지요. 그래서 가까이에서 살펴보는데 참으로 애를 먹습니다.

암컷에게 선물하는 수컷

밑들이는 생김새도 남다르지만 짝짓기 하는 모습도 다른 곤충과 사뭇 달라요. 밑들이 암컷은 짝짓기 전에 수컷에게 선물을 받아야만 짝짓기를 합니다. 한술 더 떠서 암컷은 선물이 크고 마음에 쏙 들어야 짝짓기를 받아들이고 자기 마음에 들지 않으면 퇴짜를 놓지요. 그러니 수컷은 짝짓기를 하려면 암컷 마음에 드는 선물을 마련해야 돼요. 그러면 수컷은 어떤 선물을 마련할까요?

　수컷은 나방 같은 여러 곤충 애벌레나 죽은 곤충, 잘 익은 열매 따위를 찾으면 그 앞에서 떡 버티며 지켜요. 다른 수컷들이 얼씬도 못 하게 말이에요. 이것들이 암컷에게 줄 선물입니다. 이제 암컷에게 줄 선물을 마련했으니 곧바로 암컷을 부르는 성페로몬을 뿜어 대죠.

밑들이 암컷

6월 어느 날, 산길을 걷다가 우연히 수컷 밑들이가 황다리독나방 애벌레를 지키고 있는 것을 보았어요. 나방 애벌레는 풀 줄기에 매달려 있다가 밑들이한테 딱 걸려 벌벌 떨고 있네요. 수컷은 느긋하게 긴 주둥이를 황다리독나방 애벌레 몸에 박고서 맛을 봅니다. 이때 성페로몬을 내뿜어 암컷을 불러들이지요. 잠시 뒤, 수컷이 내뿜은 성페로몬 냄새를 맡고 암컷이 포르르 날아왔어요.

　암컷이 나타나자 수컷은 먹잇감에서 주둥이를 떼고 식사를 멈춥니다. 날아온 암컷은 잠시 멀찌감치 떨어져 먹잇감이 큰지 작은지 가늠하느라 수컷이 지키는 나방 애벌레를 살피네요.

　수컷은 마음이 조마조마한가 봐요. 암컷을 바라보고 더듬이를 휘휘 저으며 선물을 건네줄 기회만 노려요. 잠시 뒤 암컷이 나방 애벌레 쪽으로 조심조심 걸어옵니다. 짝짓기 선물이 마음에 들었나 봐요. 곧바로 나방 애벌레 몸에 긴 주둥이를 푹 집어넣네요. 수컷이 조마조마 마음 졸인 것과는 다르게 암컷이 쉽게 짝짓기 선물을 받아들였습니다.

　이제 해야 할 일은 짝짓기에요. 수컷은 나방 애벌레를 먹는 암컷에게 잽싸게 다가가요. 암컷 옆에 나란히 서자마자, 눈 깜짝할 사이에 전갈 꼬리같이 말아 올린 배 꽁무니를 길게 펼쳐 암컷 배 꽁무니에 넣습니다. 이때 암컷도 배 꽁무니를 길게 늘여 짝짓기를 받아들이죠.

밑들이 짝짓기
수컷이 암컷에게 애벌레를 선물로 주고 짝짓기를 한다.

짝짓기

밑들이 짝짓기 자세는 다른 곤충과 사뭇 다르답니다. L자처럼 몸을 구부린 채 짝짓기 끝날 때까지 자세를 바꾸지 않아요. 암컷은 30분이 넘도록 나방 애벌레를 열심히 먹고, 수컷은 먹지도 못하고 입맛만 다시며 암컷을 지키기만 합니다. 바로 옆에서 사진을 찍는데도 꿈쩍도 안 하네요.

드디어 수컷이 건네준 먹잇감을 암컷이 배불리 다 먹어 치웠어요. 그러자 암컷은 아무 미련 없이 수컷 배 꽁무니에서 자기 배 꽁무니를 빼낸 뒤 포르르 다른 곳으로 날아갔습니다. 기나긴 짝짓기가 끝이 나는 순간이에요. 수컷은 아쉬운 듯 암컷이 먹다 남긴 애벌레 둘레를 빙빙 돌며 서성입니다.

짝짓기를 마친 암컷은 이제 알을 낳아요. 알은 한 개씩 낳기도 하고 100개를 무더기로 낳기도 합니다. 알에서 깨어난 애벌레는 나비 애벌레와 닮았습니다. 온몸에 털이 부얼부얼 났거나, 아예 털이 없어서 구더기처럼 생겼다고 해요. 애벌레는 썩은 나무나 숲이 우거진 늪, 진흙 속에서 썩은 부스러기를 먹고 산다고 알려졌어요. 하지만 아직까지 어떻게 살아가는지는 잘 모릅니다. 앞으로 밑들이 생태에 대한 연구가 이루어져 사는 모습이 더 밝혀지기를 바라봅니다.

빨간 옷 입은
홍날개

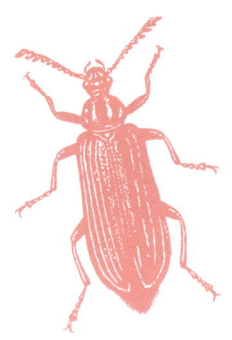

　4월은 홍날개를 볼 수 있는 계절이에요. 숲속 통나무 더미에 따스한 봄볕이 내려앉으면 어여쁜 빨간 옷을 곱게 차려입은 홍날개가 마실을 나옵니다. 통나무 더미 위에 포르르 날아와 사뿐히 앉고는 햇볕을 즐겨요. 빨간 옷을 곱게 차려입은 홍날개가 너무도 어여뻐서 숨죽이며 바라봤습니다.

빨간 옷 입은 홍날개

　홍날개는 딱정벌레목 가문에 홍날개과 집안 식구예요. 이름에서 눈치챘듯이 홍날개과 집안 식구들은 거의 모두 딱지날개 색깔이 빨개요.
　봄볕을 쬐던 홍날개가 심심한지 몸단장을 하네요. 앞다리로 더듬이를 끌어당긴 뒤 주둥이에다 넣고 쓱쓱 핥으며 더듬이 청소를 합니다.

이어서 앞다리도 주둥이에 넣고 쓱쓱 핥네요. 더듬이에는 감각 기관이 많이 붙어 있어서 틈만 나면 깨끗이 닦아 놓습니다.

홍날개는 한 번만 봐도 반할 만큼 어여뻐요. 몸길이는 10밀리미터쯤 되어서 맨눈으로도 잘 보일만큼 몸집이 크죠. 몸매는 긴 원통처럼 생겼는데, 나무껍질 아래나 틈에서 잘 살 수 있도록 위아래로 납작합니다. 이름처럼 온몸은 빨간데, 다리와 더듬이는 까매서 굉장히 귀티가 나죠. 딱지날개에는 부드러운 주황빛 솜털이 빽빽하게 덮여 있어요. 조심스럽게 딱지날개를 만져 보니 딱딱하지 않고 부드럽네요.

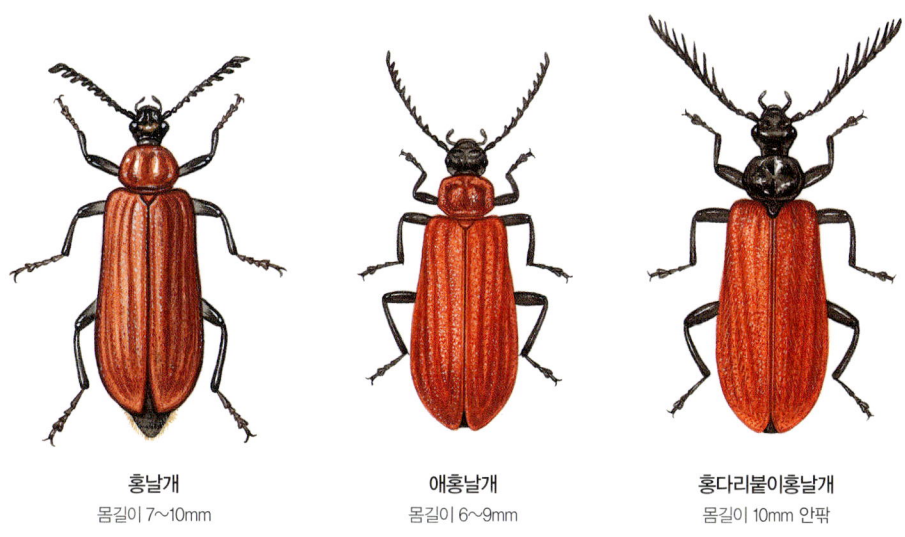

홍날개 무리

홍날개
몸길이 7~10mm

애홍날개
몸길이 6~9mm

홍다리붙이홍날개
몸길이 10mm 안팎

홍날개는 무엇보다도 더듬이가 눈에 띄어요. 암컷과 수컷은 더듬이가 서로 뚜렷하게 달라서 더듬이만 보고도 수컷인지 암컷인지 알 수 있습니다. 수컷 더듬이는 빗살처럼 갈래갈래 갈라져서 엄청 화려해 보인답니다. 하지만 암컷 더듬이는 톱니처럼 생겼는데, 톱날이 조금 짧고 도톰해요. 이렇게 수컷 더듬이가 길쭉하고 빗살처럼 갈라진 까닭은 암컷이 풍기는 오묘한 성페로몬 냄새를 잘 맡기 위해서지요. 숲속처럼 넓은 곳에서 암컷 냄새를 맡지 못하면 대를 잇지 못합니다.

홍날개는 무엇을 먹고 살까요? 어른벌레는 이것저것 가리지 않고 먹는 잡식성이에요. 주로 숲과 그 둘레를 돌아다니며 자기보다 약한 곤충을 잡아먹지만, 이른 봄에 마땅히 먹을 게 없으면 꽃에 날아와 꽃가루를 먹기도 합니다.

짝짓기 선물은 칸타리딘

홍날개는 사람들처럼 짝짓기 전에 선물을 준비하는 곤충으로 유명해요. 수컷과 암컷 가운데 누가 선물을 마련할까요? 바로 수컷이지요. 꼭 암컷과 짝짓기를 하려고 주는 선물만이 아니고 태어날 새끼를 위한 선물이기도 합니다. 수컷이 암컷에게 주는 선물은 아주 센 독인 '칸타리딘'이에요. 이 칸타리딘이라는 독은 사람 살갗에 난 상처에 묻으면 물집이 잡히고 헐어요. 그만큼 독이 세지요.

홍날개 수컷은 선물을 언제 암컷에게 줄까요? 수컷은 우선 짝짓기

하기 전에 암컷에게 맛보기로 독을 조금 건네줘요. 수컷이 암컷을 찾으면 더듬이를 암컷 더듬이와 부딪쳐 암컷에게 맛보기 선물로 '칸타리딘' 독을 조금 건네줍니다. 이때 수컷은 더듬이 쪽에 있는 머리샘에서 칸타리딘이 나와요. 암컷은 그 칸타리딘 맛을 보고서야 짝짓기를 받아들이죠. 이렇게 암컷이 짝짓기를 받아들이면 수컷은 짝짓기를 하면서 비로소 선물을 암컷에게 다 넘겨줍니다. 그 선물은 바로 수컷 정자랍니다. 수컷 정자 속에 칸타리딘이 잔뜩 들어 있거든요.

그런데 홍날개 수컷은 사실 자기 몸에서 칸타리딘을 만들지 못해요. 그래서 다른 곳에서 구해 옵니다. 어디서 구해 오냐면 남가뢰한테서 얻어 오지요. 다행히도 딱정벌레목 가문 식구인 남가뢰는 칸타리딘을 지니고 있어요. 홍날개는 남가뢰 몸속에 있는 칸타리딘을 얻어 올 궁리를 해요. 물론 홍날개 암컷과 수컷 모두 이 독을 구하러 다닐 필요는 없습니다. 수컷이 나서서 칸타리딘을 얻어 오고, 암컷은 짝짓기 할 때 수컷에게서 받으면 되니까요.

홍날개 수컷은 이른 봄에 땅바닥을 기어 다니는 남가뢰를 찾아 다녀요. 운이 좋아 남가뢰와 딱 마주치면 잽싸게 달려들어 남가뢰 몸을 건드리거나 핥으며 귀찮게 괴롭힙니다. 그러면 남가뢰는 홍날개를 떼어 내려고 다리 마디에서 노란 칸타리딘 독을 방울방울 뿜어내지요. 이때 홍날개 수컷은 서둘러 이 독을 먹어요.

이렇게 칸타리딘을 얻은 수컷은 이제 암컷을 찾아가 짝짓기를 합니다. 짝짓기를 마친 암컷은 알을 낳는데, 이 알 속에 수컷한테서 선물로 받은 칸타리딘이 들어 있지요. 알에 독이 들어 있기 때문에 천적들이 마음 놓고 알을 잡아먹을 수 없답니다. 홍날개에게 칸타리딘이라는 독은 자식 농사에 꼭 필요해요. 자기 알을 지키기 위해 남한테서 독을 얻어 오는 홍날개 지혜가 놀라울 뿐입니다.

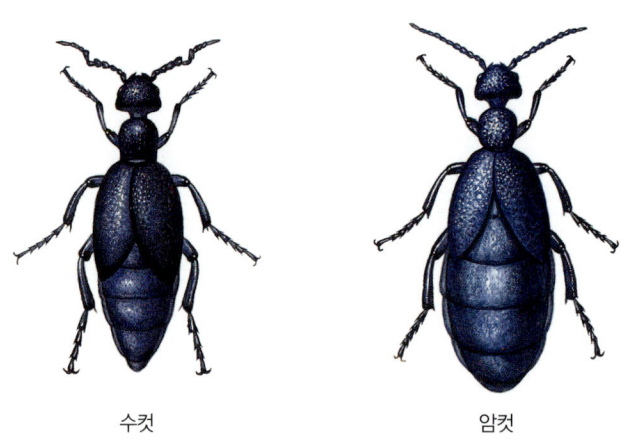

수컷   암컷

남가뢰
몸길이 12~30mm

짝짓기 하는 홍날개

한낮이에요. 통나무 위에서 홍날개 수컷과 암컷이 딱 마주쳤네요. 수컷이 갈기 같은 더듬이를 저어 대며 바삐 걸어오는 폼을 보니 암컷이 보낸 성페로몬 냄새를 맡고 서둘러 달려온 것 같습니다.

수컷은 더듬이를 휘휘 저으며 더듬더듬 암컷에게 다가서요. 더듬이를 위쪽으로 아래쪽으로 움직이고, 머리까지 숙였다 쳐들었다 해요. 그러더니 주춤거리지도 않고 용감하게 암컷에게 다가가네요. 이에 놀란 암컷은 더듬이를 뒤로 확 젖히고 수컷을 똑바로 마주 보며 조심스러워합니다. 수컷이 자리를 바꾸면 암컷도 따라 자리를 바꿉니다. 암컷은 더듬이를 뒤로 젖힌 채 줄곧 수컷을 똑바로 바라보고 맞대결을 벌입니다.

잠시 뒤, 한동안 수컷을 살핀 암컷이 경계를 풀고 뒤로 젖힌 더듬이를 앞으로 빼네요. 그러더니 수컷 더듬이에 자기 더듬이를 부딪치기 시작해요. 그 모습은 마치 서로 칼싸움을 하는 것 같습니다. 이렇게 서로 더듬이를 부딪치다가 암컷은 주둥이로 더듬이를 핥기도 해요. 수컷 더듬이 둘레에서 나오는 독을 맛보기 위해서예요. 그 독이 수컷이 암컷에게 주는 짝짓기 선물이지요. 이렇게 암컷이 독을 맛보자 이때를 놓치지 않고 수컷은 잽싸게 암컷 등에 올라탑니다. 그리고 암컷 몸을 여섯 다리로 꽉 잡아요. 드디어 수컷이 짝짓기에 성공했어요.

홍날개 짝짓기
암컷과 수컷이 꽁무니를 맞대고 짝짓기 하고 있다.
몸집이 작고 더듬이가 빗살처럼 갈라진 것이 수컷이다.

144 • 선물을 마련하는 곤충

길고 납작한 애벌레

짝짓기를 마친 암컷 홍날개는 나무껍질 둘레를 서성이며 알 낳을 곳을 찾아요. 알맞은 곳을 찾은 암컷은 배 꽁무니를 나무껍질 틈에 넣고 알을 하나씩 하나씩 낳습니다. 알을 다 낳으면 암컷은 시름시름 앓다 죽습니다.

5월이면 알에서 홍날개 애벌레가 태어나요. 애벌레는 태어나자마자 나무껍질 바로 밑으로 기어가 자리를 잡고 밥을 먹기 시작합니다. 애벌레가 먹는 밥은 나무예요. 애벌레는 주둥이가 튼튼해서 나무를 갉아 야금야금 씹어 먹어요. 애벌레가 하는 일이라고는 먹고 싸는 것뿐이지요. 다행히 애벌레가 사는 나무껍질 밑은 먹을 것이 널린 밥집입니다. 멀리 가지 않아도 언제든지 배불리 먹을 수 있지요.

홍날개 애벌레는 열심히 먹다 몸집이 커지면 허물을 벗고, 또 먹다가 몸집이 커지면 허물을 벗습니다. 늦은 봄부터 이듬해 이른 봄까지 거의 열 달 동안을 깜깜한 나무껍질 아래에서 살지요. 그런데 홍날개 애벌레는 나무껍질 밑에 사는 다른 애벌레와 달리 나무속으로 굴을 파지 않고 나무껍질 아래에서만 삽니다. 그러다 보니 껍질 밑을 돌아다니기 좋게 몸이 위아래로 납작하지요.

다 자란 애벌레는 몸길이가 12밀리미터쯤 돼요. 몸매는 길쭉한 원통처럼 생겼답니다. 몸이 얇고 납작해서 마치 리본 조각처럼 보여요. 몸 색깔은 달걀노른자와 흰자를 섞어 풀어 놓은 것 같은 연노란색이에요.

홍날개 애벌레

머리에는 귀여운 더듬이가 앙증맞게 붙어 있고, 배 꽁무니에는 병따개처럼 생긴 단단한 꼬리 돌기가 붙어 있지요. 이 꼬리 돌기는 나무에서 떨어지지 않게 도와줘요. 또 급할 때에는 뒤로 가는데도 아주 쓸모가 있습니다. 기름기가 좌르르 흐르는 살갗에는 기다란 털들이 듬성듬성 나 있지요.

 홍날개 애벌레는 우리나라 어디서든지 썩어 가는 나무껍질을 벗기기만 하면 만날 수 있어요. 추운 겨울이 다가오면 애벌레는 나무껍질 안쪽 아늑한 곳에 자리를 잡고 겨울잠을 자요. 이듬해 봄이 되면 잠에서 깨어나 부지런히 밥을 먹다가 번데기가 됩니다. 그리고 4월이 되면 어른벌레로 날개돋이 해서 나무껍질 밖으로 나옵니다.

세밀화로 보는 정부희 선생님 곤충 교실 4

곤충은 어떻게 짝을 부를까?
여러 방법으로 짝을 찾는 곤충 이야기

2020년 3월 1일 1판 1쇄 펴냄

글 정부희 | **그림** 옥영관
편집 김종현 | **기획실** 김소영, 김용란
디자인 한아람 | **제작** 심준엽
영업 안명선, 양병희, 조현정, 최민용 | **잡지 영업** 이옥한, 정영지 | **새사업팀** 조서연
대외 협력 신종호, 조병범 | **경영 지원** 임혜정, 한선희
분해 (주)로얄프로세스 | **인쇄와 제본** (주)상지사P&B

펴낸이 유문숙 | **펴낸 곳** (주)도서출판 보리 | **출판 등록** 1991년 8월 6일 제9-279호
주소 (10881) 경기도 파주시 직지길 492
전화 031-955-3535 | **전송** 031-950-9501
누리집 www.boribook.com | **전자우편** bori@boribook.com

ⓒ 정부희, 옥영관, 김종현, 보리 2020

이 책의 내용을 쓰고자 할 때는, 저작권자와 출판사의 허락을 받아야 합니다.
잘못된 책은 바꾸어 드립니다.
값 16,000원

보리는 나무 한 그루를 베어 낼 가치가 있는지 생각하며 책을 만듭니다.

ISBN 979-11-6314-107-5
    979-11-6314-103-7(세트)

이 도서의 국립중앙도서관 출판시도서목록(CIP)은 서지정보유통지원시스템 홈페이지(http://seoji.nl.go.kr)와
국가자료공동목록시스템(http://www.nl.go.kr/kolisnet)에서 이용하실 수 있습니다.
(CIP제어번호: CIP2020005706)

제품명 : 도서 제조자명 : (주) 도서출판 보리 주소 : (10881) 경기도 파주시 직지길 492 전화번호 : (031) 955-3535
제조년월 : 2020년 3월 제조국 : 대한민국 사용연령 : 8세 이상 주의사항 : 책의 모서리가 날카로우니 다치지 않게 주의하세요.
KC 마크는 이 제품이 공통안전기준에 적합하였음을 의미합니다.